日本再起動

橋下 徹

SB新書
612

はじめに

「どの政党に投票しても、どうせ日本は変わらない」――おそらく国民の多くが感じていることでしょう。この諦めムードはいったいどこからきているのでしょうか？

1つは「失われた30年」。日本経済は、平成以来の約30年間、停滞に次ぐ停滞を続けています。現時点で日本政府は、この状況を激変させる決定打を見いだせていません。

加えて、政治家が国民の声をしっかりと汲み取っているようには感じられない。与党自民党・公明党はやりたい放題の政権運営・国家運営を行っていますが、それは現在の野党の不甲斐なさが大きな原因です。

国民の声を政治に反映させるには、野党が強くなり、政権与党に緊張感を与えなくてはなりません。つまり政権交代可能な二大政党制を実現する必要があるのです。選挙制度が根付いている成熟した民主主義の国・地域においては、政権交代の緊張感がつねにあります。お隣の韓国も台湾も、海を隔てたアメリカもイギリスもフランスもドイツもイタリアも、すべて同様です。

政権交代があり得る政治システムであれば、国民の一票によって政治を変えるチャンスが生まれます。政治家は落選しないように、国民の声に耳を傾けるため、政治がよりダイナミックになります。

ではどのようにして、そんな日本の政治システムにすべきなのか。この点について、実は巷にはこれという書籍がありませんでした。

二大政党制や日本の政治のダメなところを指摘・解説したり、各政党の政策を評価したり、今の日本にとって必要な政策を提言する書籍は山ほどありますが、政権交代可能な二大政党制を実現し、日本にとって必要な政策を実行していくための具体的なプロセスには触れていません。どれもこれも口先だけのアイデアにとどまっています。それは著者自身が政治を実際にやった経験がないからです。野球をやったことがない人が野球を解説・評論しているようなものです。

僕は2008年から15年まで、大阪府知事、大阪市長、そして大阪維新の会代表、日本維新の会代表を務めました。一から政党を立ち上げて、政権交代可能な二大政党制をつくり上げようとがむしゃらに走ってきました。うまくいったこともあれば、失敗したこともあります。そんな実体験を山ほど積んできたことで、これまで誰も語ったことのない「日本再起動」の具体的な方法が見えてきたのです。

本当は自分でそれをやりきればいいのですが、2015年の大阪都構想の是非を問う住民投票の否決を受けて、僕は政治家を引退しました。ですから今回、本書をもって日本の政治家と国民に向けて、その秘伝のノウハウを伝えようと思いました。

本書をもとに「日本再起動」に向かって、政治家の尻を叩いていきましょう。

2023年2月吉日

橋下 徹

『日本再起動』目次

はじめに ……… 3

序章 日本を再起動せよ

■この国が沈む前に ……… 14
残された時間はもうない／「55年体制」がすべての元凶

■二大政党制の実現に向けて ……… 21
政権交代ができるシステム／与野党を一騎打ちさせる／「2方向」に整理された野党／「ウクライナ侵攻」で見えてきたもの／与党への反論だけが能じゃない／多数決の軽視は民主主義の危機

■日本再起動の要諦 ……… 37
価値観をアップデートせよ／政治家を本気にさせる／日本を再起動

させる強い野党をつくる

第1章 この国の閉塞感の正体

日本の「前進」を妨げてきたもの

1 今の地位へのこだわり …… 49
政治の前進を阻む人たち／「専門領域の聖域化」を打破する

2 既得権益 …… 53
日本はなぜ、30年間も停滞したのか／タクシー業界と「ウーバー問題」／既得権がイノベーションを阻んでいる／「経済安全保障」は実現できるか／国際ビジネスに相応しい環境をつくる

3 国民からの批判に対する恐れ …… 63
DX化が一向に進まない理由／マイナンバーの法体系を変える／国民のデジタル思想を変革する

第2章 「強い野党」のつくり方

■政権交代可能な野党をつくる……72
「保守」「リベラル」の対立はもうやめよう／結局、実行力がすべて／自民党では出せない解決策を示す

■今こそ「政治マーケティング」を活用せよ……80
「政治マーケティング」はアメリカに学べ／政治マーケティングの3つの要素／異なる「色」、別の「道」をアピールする／マーケティング巧者だった安倍政権／政治マーケティングを怠ると民意は離れる／ビッグデータとAIをフル活用する

■有権者の「将来利益」を重視する……93
「見えない票」を狙え／小池百合子知事はなぜ強いのか／医療報酬にメスを入れる

■有権者に熱量を伝える……101
「そこまでやるか」と思われるまでやり抜く／「1」を伝えるために

「1万」を発信する／「正しい炎上」の仕掛け方

■「万年野党」のイメージを刷新する……111
議論のやり方を一新する／政権与党に「反問権」をもたせる

第3章 野党の組織を強くする

■政党の実力は「まとめる力・まとまる力」……122
仲間は「真の実力者」のもとに集う／自民党の意思決定のメカニズム／民主党はなぜ分裂したのか／全会一致前の「トイレ休憩」

■「多数決」と「公開ディベート」……133
「まとめ役」は派閥で揉まれて育つ／何人に「うん」と言わせられるかがすべて／公開ディベートを決め手とせよ／多数決が党をまとめた局面

■組織を動かす「役割分担」……146
大阪市役所改革を成功させた3つの戦略／互いの「領域」を侵さない

／反対の声は多ければ多いほどいい

第4章　野党を強くする極意

■日本維新の会の「4つの失敗」に学ぶ……158
次のステージに移った日本維新の会／党内の「道しるべ役」と「まとめ役」／野党党首に必要な「泥くさい執念」／日本維新の会はなぜ、強い野党になれなかったのか／支持の土台は「日頃の活動」／まずは地方で首長を取る／目標に向かうロードマップの欠如／やはり「まとめる力・まとまる力」が足りない／見解の不一致を呑み込む力／「当選」はゴールではない／「いつまでも野党でいるわけにはいかない」という必死の姿勢
■保守でもリベラルでもない価値観……188
馬場新体制の維新の課題／「改革政党」の色を強く出す／「地位の固定化」が日本を衰退させる／「重複立候補制度」は最悪／「回転ドア

方式」で人材を入れ替える／「ファッション保守」が日本をダメにする／憲法について建設的に議論せよ／前時代的な「戸籍制度」を改める／永田町感覚は国民に共感されない

■自民党との対立軸……224

「維新スピリッツ」の3つの要素／戦争で命が奪われるなんてまっぴらごめん／「逃げる自由」を保障する／国家は個人を守る手段／感情で国家を動かすのは最悪／イデオロギーにとらわれて課題を放置するな／すべては、次世代のために

第5章 「真の二大政党制」への道筋

■「野党間予備選挙」で対立軸をつくる……246

野党の候補者を一本化する／世論調査を活用すれば実現できる／世論調査で最終ジャッジ／権力闘争を「見える化」して関心を引く

■首長選挙に勝利する …… 257
地方で野党政治を体感してもらう／大きな方向性と意気込み、挑戦、実行力／目の前の支持者に配慮しない／地方選挙から「旋風」を起こす

■無党派層の支持をつかむ …… 271
「公正・公平」と「未来利益」／「一票の格差是正」を党是に

序章

日本を再起動せよ

この国が沈む前に

残された時間はもうない

今の日本には再起動が必要です。中央集権型の統治システムをいったん終了させ、新しい国にならなければ、先進国の座を追われて沈んでしまいます。残された時間はそれほど多くありません。

日本経済は、1990年頃から約30年間まったくといっていいほど成長していません。GDP（国内総生産）はもちろん、株価も上がらず、実質賃金は96年をピークにほぼ一貫して下がり続けています。円の総合的な実力を示す「実質実効為替レート（REER）」は2022年、約50年ぶりの低水準に下落しました。数値上は高度経済成長期の末期と同水準ですが、かつての上り調子の経済状況と現在の黄昏時とでは、国民の生活実感には天と地ほどの違いがあります。

他方、中国を筆頭としたアジア諸国、世界の先進国はどこも経済成長を遂げています。

賃金が上がった国の人たちは、〝安い日本〟を積極的に訪れるようになりました。それがコロナ禍以前にインバウンドが急増した要因の1つです。日本が〝すごい〟から来ていたわけではありません。〝安い〟から来ていたのです。

これほどまでに世界と差がついてしまったのは、日本の資本主義が行きすぎたからではなく、逆に資本主義が発展しなかったことが原因だと僕は思っています。

ところが、今の日本の政治家の間では、あたかも資本主義を否定するかのような言説が流布しています。これはいったいどうしたことでしょうか。

決して「左巻きの人たち」だけの話ではありません。共産党はおろか自民党・公明党を含めた全政党が、「分配、分配」の大合唱でした。岸田文雄首相が21年10月の衆議院議員選挙（以下、衆院選）勝利後の所信表明演説で「今までの新自由主義を脱して新しい資本主義をめざす」と宣言したのも、野党第一党である立憲民主党が「分配なくして成長なし」と掲げて引き続き政権奪取を狙っているのも、富を伸ばすことより富の分配に重きを置いた、いわば資本主義の否定にほかなりません。

ふと気づいてみれば、どの政党の経済政策論も、中国の習近平国家主席が掲げている国家方針「共同富裕」と瓜二つ……いや、むしろ資本主義以上の激しい市場競争があるのが中国の現実であることを考え合わせれば、日本は、中国よりももっとひどい。

政治家だけでなく、一部の学者や評論家の間でも資本主義の否定が流行っている有様ですが、まったくいい気なものです。「もう成長なんて必要ない」「皆等しく貧しくなっていけばいい」——高い給料やギャラをもらって一生安泰、社会階層的には富裕層に属する彼ら彼女らが、いったいどの口で言うのかと強い憤りを感じます。成長不要の資本主義否定論は、自分たちの資産と給料をすべてなげうってから言ってもらいたい。

皆さんは、どのような未来を望みますか？　個別具体的には人それぞれでしょうが、「今日より明日の暮らしがよくなること」を望んでいるという点では、多くの国民で一致するはずです。

そのためには、たしかに高所得層から中・低所得層への富の分配も必要ですが、今ある富の分配だけでは、多くの国民はまったく満足できません。

少子高齢化が進むなか、今後、必要な国家予算はどんどん膨らんでいきます。

ですから、まずは経済成長を促し、富の総量を増やしていくことが必要です。その上で、その成長による富を適切に分配するのです。といっても闇雲にＧＤＰを増やすのではダメです。

経済学者やエコノミストの中には、国債を発行して政府支出さえ増やせばＧＤＰが増える、成長すると言い張る人が少なくない。しかし、それはＧＤＰの計算上でそうなるだけであり、机上の空論です。

政府支出を増やして、無意味な公共工事をどんどんやり、そこから支払われる賃金で無意味な商品を購入する。これでも計算上はＧＤＰが増えますが、はたして国民の幸せにつながるでしょうか。僕はそうは思いません。とはいえ、ＧＤＰが増えず、行政サービスが乏しく、民間の商品やサービスも貧弱で生活の利便性も向上しないままで、ただただ精神的に「これが幸せだ」と思い込むことも本当の幸せではないと思います。

国民が利便性や豊かさ、そして安心感を得られるような、質の高い経済成長をめざさなくてはいけない。**ＧＤＰの額の成長のみならず、質の向上、成長。これこそが政治家の本来の仕事であり、政治家が真に仕事をまっとうしてこそ、国民は「今日よりよい明日」を手にすることができるのです。**

「55年体制」がすべての元凶

日本の実質経済成長率が年平均で10％前後を記録した、高度経済成長期の始まりは19

55年頃でした。そこから第一次オイルショックの影響に見舞われた73年頃までに、日本は先進国の仲間入りを果たすと同時に、西ドイツ（当時）を抜いて世界第二位の経済大国になりました。

この高度経済成長が始まった55年に、それまで右派と左派に分裂していた社会党が再統一を果たしました。それに危機感を覚えた財界などからの要請もあり、日本民主党と自由党が保守合同して誕生したのが自由民主党（自民党）でした。

この自民党と社会党を中心とした政治を「55年体制」といい、自民党は万年与党として政権を握り続け、首相は自民党内の派閥間の権力闘争によって交代しました。一方、護憲を党是とする社会党は、憲法改正の発議を阻止するため衆参両院の3分の1以上の議席獲得をめざすだけの万年野党という立場。この体制が90年代まで続きました。

長く野党第一党だった社会党ですが、結局単独で過半数を獲得して政権を奪取することはできませんでした。そもそも、社会党再統一後、最初の総選挙を除いて、過半数を獲得できるだけの数の候補者を擁立していません。ですから、候補者が全員当選しても与党になれないわけで、ときに自民党に協力しながら「万年野党として生き残ればいい」という体質が根底にあったのです。

この55年体制を制度面で支えたのが衆院選の「中選挙区制」というシステム（1選挙区で複数人が当選するシステム）でしたが、いろいろな弊害がありました。

第一に、政権交代が制度的に不可能。何をやっても与党の意見が通るので政治に緊張感がなくなりました。たとえば、最近問題になった毎月100万円の文通費（文書通信交通滞在費。現在は調査研究広報滞在費）支給はその典型例です。地方議員でも領収書をつけている今のご時世に、国会議員だけ領収書を公開しなくてもいいことが問題にならなかったのは、野党による批判の声が小さかったからです。野党からの批判の声が弱いなら、与党は自分たちの利益になる現行制度を修正しようとはしません。

第二に、野党は政権を取る気がない、あるいは取れると思っていないため、与党になったときのことを考えていない。そのため、自らが与党になったときに野党からやられたら困ることを平気でやり続けています。たとえば、国会では、質問も受けないのに大臣が朝から夕方まで座っています。野党は国会に大臣がいることに意味があると主張しますが、発言もしない重役が会議に座り続ける民間企業などすぐに潰れてしまうでしょう。

大臣の本来の仕事は政府組織を動かすこと。外務大臣ならば国際会議に出席し、厚生労働大臣ならばワクチン接種を推進するほうが重要な仕事のはずです。ところが万年野党は、大臣を国会の椅子に縛りつけようとします。「政権を取ったときには自分たちが困るだろうから、このような国会の慣例やルールは改善しよう」という発想にならないのです。

第三に、政権を取る気のない万年野党の掲げる政策は現実からかけ離れていることが多いため、国民が政策を選択できないという状況が続いてきました。欧米各国では政権交代が行われていますが、これらの国に共通しているのは、与野党ともに現実的な政策をもっていることです。そのような国の国民には、「どちらがよりましか」を判断する選択権がありますが、日本国民には選択権がほぼないも同然でした。

しかし93年、「政治改革」「選挙制度改革」の熱が高まるなか、解散総選挙中に自民党が分裂し、非自民・非共産連立政権の細川政権が発足。翌94年、細川政権と野党・自民党が合意して成立した公職選挙法改正によって、衆議院の選挙制度が「小選挙区制と比例代表制の並立制」に変更されました。

自民党が、自らに有利だった中選挙区制の廃止に合意せざるを得なかったのは、まさに総選挙という国民の審判を経て在野に下っていたからです。自民党は国民に対して政治改革に後ろ向きの姿勢を見せることができなかった。政治に緊張感があったのです。

この「小選挙区比例代表並立制」という新しい選挙制度は、与野党が本気で競い合い、

与野党間で政権交代が起きることを想定した制度で、これによって日本は「二大政党制」を志向することになりました。

しかしながら、現在に至るまで二大政党制による政権交代が機能しているとはいえません。２００９年に民主党が政権を獲得しましたが、12年に故安倍晋三元首相が政権を奪取して以降、自民党が政権を維持し続けています。

二大政党制の実現に向けて

政権交代ができるシステム

２０２２年夏の参議院議員選挙（以下、参院選）でも自民党は圧勝しました。かつての民主党政権への絶望から国民は政権交代を望まなくなったのでしょうか。しかしこのままでは、政治に緊張感が芽生えず、自民党が万年与党、その他は万年野党という55年体制の弊害が続いたままになります。

政治をもっと緊張感のあるものにするために、政権交代ができるシステムが必要です。

いろいろな意見があると思いますが、**僕は比例代表制を廃止し、小選挙区制一本にしていくべきだと思っています。**比例代表制がなくなれば、小選挙区で勝利できない野党は自ずと消滅し、野党が1つの政党に収斂していきます。小選挙区において野党の候補者が1人になれば、与党と勝負できる土俵ができます。

ただし、小選挙区制には、たとえば51対49の結果で当選者が決まったとき、49の票は捨て去られ、その国民の意思が政治に反映されなくなります。その弊害を防ぐために、参議院の現在の役割を変えて、参議院では比例代表の枠を増やして少数意見をより汲み上げることができるようにするなど、参議院改革を進めればいいのです。

もちろん、どんなシステムにもマイナス面はあります。小選挙区制一本にしたら、そのときの「民意の風」によって政治に安定感がなくなるという面もあるでしょう。しかし、自分たちの特権的な地位に安住してきた政治家に、地位剥奪の危機感を与えることができるのであれば、民意の風も悪くないのではないでしょうか。

だいたい、小選挙区で落選した人間が比例で復活するというのはおかしすぎる。今、日本の政治に必要なのは、政権交代が可能な二大政党体制のもとで、与党と野党が激しくぶつかり合いながら政策論をかわして、有権者がどちらかを選ぶという環境です。

現在、「民意の風に左右される政治はよくない」という理由で、かつての中選挙区制に戻すべきだとの意見も出てきています。しかし、これは最悪の選挙制度。一度当選した議員は永続的に当選でき、万年与党と万年野党が固定化する55年体制への逆戻りです。小選挙区制に問題があるからといって、それよりもひどい中選挙区制に戻ることは絶対にあってはなりません。小選挙区制にもさまざまな問題がありますが、中選挙区制が導く55年体制よりははるかにましです。

むしろこれからは小選挙区制をブラッシュアップして、政権交代が可能な二大政党制を実現し、緊張感のある政治を実行しなければなりません。これは国民主権を採用している日本においては、最終的には国民の責任です。「自分が当選することに必死になっている政治家ばかりだから、政権交代可能な二大政党制が実現しないのだ」と批判するだけではダメです。そのような政治家を生んでいるのは、結局はわれわれ国民自身なのですから。

与野党を一騎打ちさせる

内閣総理大臣を決めるのは事実上、衆議院議員による多数決です。政権を選択するその衆院選に小選挙区制を採用したということは、与野党が政権奪取を競い合う二大政党制をめざしていることにほかなりません。**野党が強くなって、与党に緊張感をもたせ、互いに切磋琢磨（せっさたくま）することが二大政党制のめざす姿です。**

小選挙区制は1選挙区あたり1人しか当選しないので、与野党の候補者は必ず一騎打ちの状態にしなければなりません。野党が候補者を2人以上出せば、野党への票が分散し、野党が負ける可能性が高くなります。今、与党である自民党・公明党はきっちりと政治的に調整し、全選挙区において与党候補者を1人に絞っています。問題は野党です。

09年に民主党が政権交代を果たしましたが、野党が政権を取ることは容易ではありません。その最大の原因が、野党間での候補者分裂です。

15年夏の平和安全法制に対する国会内外での強烈な反対運動を契機に、翌16年、参院選の1人区対策として野党共闘が始まりました。しかし、そのあとも調整がうまくいかず、野党内で複数候補者が立候補する選挙区が多く、票が分散してしまい、野党は与党に負け続けてきました。

22年夏の参院選は、与党が16年の参院選で大勝しているために与党の改選議席数が多く、ここで野党が過半数を獲得できれば衆参の「ねじれ」が実現し、政権与党を追い込む可能性がありました。

衆参でねじれが生じると、参議院で否決された法案を衆議院で再議決することが困難になります。内閣総理大臣の指名、予算の承認、条約締結という3つの場面では衆議院の議決が優先されますが、それ以外では衆参は原則対等となり、参院で過半数議席を獲得した野党の力は俄然（がぜん）強くなります。そうなると野党の修正要求が通りやすくなり、国会運営でも与党が野党に譲歩する場面が増えます。

「政変はいつも参院選から始まる」といわれますが、次の衆院選での政権交代を視野に入れると22年の参院選は大変重要な選挙でした。しかし、野党が候補者を一本化できずに惨敗。国政の舞台に参政党という新党が誕生して、さらに野党票が分散するという有様でした。

「2方向」に整理された野党

実際に22年夏の参院選において、野党間の候補者調整はどうだったかというと、22年3月の時点で緒についたばかりでした。立憲民主党の泉健太代表が野党3党（共産・れいわ新選組・社民）の党首と会談し、全国に32ある1人区での候補者調整を呼びかけたのは3月18日でした。

共産党の志位和夫委員長は記者会見で「現自公政権に厳しい審判を下すために、参院選1人区での候補者調整の協議を開始する。協議は野党各党の幹事長、書記局長と選対委員長で行うことで合意した」と述べました。

しかし、基本政策で共産党と距離がある国民民主党は党首会談の要請に応じず、21年の総選挙で野党第二党となった日本維新の会は、そもそも立憲民主党とは政策で対立することが多く、交渉の対象外でした。このような野党候補者一本化調整では、数千万人の有権者の気持ちを引きつけることはできません。少なくとも僕はそう思います。

与党が絶対安定多数を確保した21年衆院選の投開票を受けて、共同通信社が実施した全国緊急電話世論調査によると、統一候補を擁立した立憲民主党など5野党の共闘に関して、「見直したほうがいい」が61・5％に上っています。党内幹部や一部学者の声ばかりに耳を傾けて方向性を決め、候補者を一本化した立憲民主党執行部の大失敗でした。

ただ、この野党共闘にもメリットはありました。それは野党が大きく2つの方向性のグループに分かれたことです。これまでのごった煮の状況から、野党のなかで大きな方向性の違いが「見える化」しました。これは有権者にとって大変よいことです。

まず立憲民主党、共産党、社民党、れいわ新選組のグループ。これをA方向と呼びまし

ょう。これに対し、日本維新の会と国民民主党のグループ。これをB方向と呼びます。「立憲民主・共産系」と「維新・国民民主系」の2つの方向に野党が整理されたことで、有権者が野党を選択する機会が広がりました。それまでの野党の方向性は、反自民という1つのものしかありませんでしたから。

そして22年夏の参院選では、維新の会と国民民主党が、京都と静岡で相互推薦をやろうとしましたが、いろいろと紆余曲折（うよきょくせつ）があり、いったん白紙になったあと、京都だけでやることになりました。野党のB方向を京都でつくったのです。

過去に、国民民主党はA方向に近づく傾向がありました。たとえば、19年夏の参院選は自民・公明の圧勝でしたが、憲法改正の発議をするために必要な3分の2の議席を確保できませんでした。すかさず国民民主党の玉木雄一郎代表が、憲法改正に前向きな発言をしてB方向を示唆したものの、翌日には事実上の撤回。国民民主党内にはA方向をめざす議員が多数存在し、彼ら彼女らからの猛反発に配慮したようです。

永田町の感覚では、憲法改正に何が何でも反対する野党A方向こそが自公政権を打倒するためのベターな選択なのかもしれませんが、実際問題として、多くの有権者はそれについてきていません。そのことが立憲民主党や共産党の支持率や議席数の低迷に表れているにもかかわらず、国民民主党内の一部国会議員たちはそれに気づかず、有権者の感覚をつかむことができなかったのです。

しかし、22年に大きな変化が見えました。野党が反対票を投じるのは当然とされていた政府当初予算案について国民民主党が衆参両院で賛成票を投じたのです。「何でも反対の野党」からの脱皮です。その理由について、玉木代表は、原油価格の高騰対策としてガソリン税の一部を減税するトリガー条項を発動することに関して岸田首相と水面下で直接協議した結果、その実現の見通しをつけたことを挙げています。

トリガー条項の発動によるガソリン税の減税は、石油事業者に注入する補助金と比べ消費者に直接メリットのある政策ですが、各種事業者寄りの自民党視点では実現が難しい政策でした。そこに玉木さんは自民党とタッグを組むことで消費者視点の政策を実現しようとしたのです。政権与党を批判することが第一の使命と考えていた今までのA方向からの転換でした。

「ウクライナ侵攻」で見えてきたもの

22年夏の参院選では、故安倍元首相が政治家生命をかけて成立させた安保法制に反対する「市民連合」を介した野党共闘が、約半年前の衆院選と比べて様変わりしました。

ロシアによるウクライナ侵攻などを受け、国民の間で国防への危機感が高まるなか、「安保法制反対」を掲げにくい雰囲気になったことも影響したようです。約半年前に野党間で共有していた安保法制反対という共通政策の内容が明らかに後退しました。立憲民主党としては、国際情勢の厳しい現実を前にこれまでの安保法制反対という主張を堂々と訴えられなくなったのでしょう。しかしそのようなぐらついた態度が、「あれだけ安保法制反対と主張していたのに、信用ならん」と国民に思われたのだと思います。

徹底して反対を訴えていた立憲民主系の人たちは、ウクライナ情勢を目のあたりにして、国家は、国際社会のなかで「仲間」と協力して自国を守っていかなければならないということが、ようやくわかったのだと思います。

本来日本は、アメリカとの集団的自衛権、さらには集団安全保障の枠組みのなかで自国を守ることを考えていかなければならない。にもかかわらず、立憲民主系の人たちは「それは絶対ダメだ」と言ってきました。

ここに来てバツが悪くなったのか、急におとなしくなってしまいましたが、これではせっかく「見える化」してきた野党間のA、Bの方向性の違いがぼやけてしまいます。立憲民主党には、今こそ声高らかに「集団的自衛権は認められない！」という野党Aの方向性を強く主張してもらいたい。

創立100年を迎えた共産党も正念場を迎えています。憲法9条堅持を掲げ、立憲民主党と同様、安保法制に激しく反対してきており、「憲法9条を掲げたままで日本を守れるのか」という国民の懸念に対してどう応えるのかが注目されています。その共産党でさえも、ロシアによるウクライナ侵攻に衝撃を受けたのか、違憲の存在と位置づけてきた自衛隊について、「緊急時には活用する」と強調するようになりましたが、自分の都合で自衛隊を利用する「ご都合主義」との批判を招いています。

野党間の違いがグループAとグループBという方向性で「見える化」すれば、国民のなかで野党に対する理解が深まります。さかのぼれば、僕が2015年に政治家を辞めて民間人になったときに、すでに野党はそういう2つの方向に動き始めていました。

これは当時小池百合子さんが希望の党をつくろうとしていたときで、「立憲民主・共産」系と「維新・希望の党」系のようなかたちで野党の色分けができ、野党の方向性のイメージが2つに整理され始めました。このことで有権者が「野党はA、Bどちらの方向性がいいのだろうか」という問題意識をはっきりもつようになれば、有権者の投票行動を通じて野党の方向性が決まっていきます。

政治家の信念だけで方向性を決めていては、いつまでたっても政権を奪取できるほどの支持を集めることはできないでしょう。

与党への反論だけが能じゃない

日本維新の会は、ひとことでいえば「現実的な政党」です。その眼差しはつねに現実社会を見据えており、決して抽象論、理想論、観念論ではない現実的な判断を下すことを旨としています。こうした政党としてのスタンスだけを見れば自民党に似ているともいえます。ここが理想論だけを唱えてきたこれまでの野党との違いです。しかし、打ち出している政策は、自民党とは明確に違います。

地域団体、業界団体、宗教団体などを支持層にもつ自民党の政策は、どうしても、それら支持層に利益をもたらすものになりがちです。そうではない政策を打ち出したら、代償として大きな票田を失うことになるからです。

一方、日本維新の会は組織票に頼っていません。必然的に政策も自民党の政策とはかなり違ってくるし、だからこそ自民党が守ろうとしている既得権益を打破することもめざせる。ひと口に「現実の社会を見据えている」といっても、「誰の現実」を見据えているかによって、打ち出す政策は異なる。自民党が業界団体寄りの視点をもつなら、日本維新の会は消費者寄りの視点から政策を考えています。

つまり、政党としての性質は自民党と似ていても、政策面では自民党と競合するのが日本維新の会です。とはいえ、**自民党の政策を全否定するということではなく、自民党の基本路線に修正を求めたり、自民党が遅々として手をつけていない重要案件の推進を促したりする。日本維新の会と国民民主党（野党のBグループ）は、そのようなスタンスです。**

これに対して「それだと与党なのか野党なのかわからない」「どうせ最終的には自民党に賛同する手下のようなものじゃないか」という批判が向けられることもあります。

しかし、そもそも国会は何のためにあるのでしょうか。与党の政策を全否定し、揚げ足を取ってばかりの野党は、国会を有意義な議論の場にできているといえるでしょうか。国会を、よりよい国家運営のための健全かつ建設的な議論の場とするならば、むしろ野党は、日本維新の会・国民民主党のようなスタンスであるべきだし、それが自然だと僕は思います。

多数決の軽視は民主主義の危機

野党が担うべきなのは、与党の監視役であり、与党の軌道修正役であり、さらに与党が手をつけていない重要案件の推進役である。決して、与党案に反対することだけが仕事ではありません。

こういう言い方をすると、決まって聞こえてくる声があります。「それは与党に与する（くみする）ということだ。野党は少数派の代弁者として与党案に反対することが使命ではないのか！」と。

もちろん少数派の意見に配慮することは重要です。例外的に少数派の意見が多数派を凌駕する事態も、稀に起こり得るでしょう。しかし日本が選挙のある民主主義国である以上、少数派の意見よりも尊重されるべきなのは多数派の意見です。

一部の学者やメディアには、まるで少数派の意見が絶対的なものであるかのごとく喧伝し、第一に優先されるべきとするような論調が見られます。挙句の果てに「今回の選挙結果は有権者全員の声を反映しているものではない」「だから選挙で勝ったからといって自分たちの考えを進めるべきではない」などと、とんでもないことを言い出す始末。それこそ民主主義を否定する危険思想ではないでしょうか。
国民全員の意見をまんべんなく政策に反映するのは、不可能です。だから、まず多数派の意見を優先し、そのなかで少数派にも配慮する。これが民主主義の国家（民主国家）として正当な手続きです。

もちろん、このやり方が１００％正しいとは限りません。多数決や選挙については、さまざまな問題点が指摘されているのも事実です。しかし、だからといって多数決を否定するのは絶対に違う。多数決ではない方法で物事を決めようとするほうが、はるかに危険なのです。

こう考えると、選挙に勝利した与党を全否定するという野党の姿勢は、まったく健全でも建設的でもありません。

もし少数派の代弁者であろうとするならば、多数派の意見を全否定するのではなく、多数派の目ではとらえにくい問題点を指摘し、「修正」を求めるべきでしょう。また少数派が取りこぼされないような提案を出すべきでしょう。「与党案を全否定する」のではなく、こうして与党の監視役、軌道修正役、手つかずの重要案件の推進役として「与党を正していく」というのが、野党のあるべき姿だと思います。

ところが今の野党は、日本にとってベターな、よりましな政策を実行していくという思考ではなく、政権与党をとにかく窮地に追い込み、あわよくば政権を奪取しようという考えで政権与党と対峙しているとしか思えません。これでは日本の政治はよい方向に進みません。

22年夏の参院選では、立憲民主党は議席数も比例獲得票数も減らしました。そこで、立憲民主党内部から「泉執行部が模索していた『提案型野党』の方向は間違っていた。やはり野党は政権与党を徹底的に批判・追及していくべきだ」という声が上がりました。これに同調するメディアも多いようです。しかし、提案型野党をめざしている日本維新の会の野党B方向の議席数や比例獲得票数は伸びています。提案型野党を少し模索した立憲民主党を合わせた野党比例獲得票数は、それなりの数になっています。

ということは、提案型野党の方向性が完全に否定されたわけではありません。

立憲民主党が伸びなかったのは、提案した政策の方向性が多くの国民の感覚と合っていなかったからでしょう。そこに立憲民主党が気づかず、一部の識者やメディアにほだされて、共産党が信念をもってやっているこれまでの野党Aの方向性、すなわち政権与党の徹底批判・徹底追及型に再び戻ってしまえば、いつまでたっても万年野党の座から脱することはできないでしょう。

国民は、国会における与野党の議論によってよい政策が進められることを期待しています。また国民は、政策が100%完璧なものではないこともよくわかっています。そんなバラ色の政策などあるわけがない。さらに100%の国民が全会一致で賛成する政策などもあるわけがない。賛否の意見が入り混じることも国民はよく知っています。

だからこそ、**国会においては多数者の意見を尊重し、少数者の意見に配慮したかたちで、よりましな政策を探っていく。**政権与党の案を中心にしながらも野党の建設的な提案によって修正していくのです。

こういう国会を多くの国民が望んでいるのであり、いつでも政権与党の目玉案について徹底批判、徹頭徹尾反対する野党を望んでいるわけではありません。

つまり野党がどのような修正を求めていくかが重要なのであって、ここに気づかない野党はいつまでたっても、野党Aの方向性を支持するコアな層に支えられるだけの万年野党であり続けることになるでしょう。

これから自民党に互角に対峙できる強い野党をめざすのであれば、政権与党案について、多くの国民が「そうだ！　そうだ！」と言ってくれるような野党修正案、野党代替案が多発する国会にもっていくべきなのです。

日本再起動の要諦

価値観をアップデートせよ

これからの時代は、価値観のアップデートがますます求められます。

そもそも自民党一強に象徴される一党体制というのが、とっくに時代遅れになっているのです。なぜなら、一党体制ではどうしても1つの価値観に凝り固まった、狭い政治的選択肢しか提示できないからです。現代日本社会を見渡してみれば、人々の働き方も生き方も実にさまざまになっています。その多様な人々が有権者として投票するわけですから、政治のほうも多様な選択肢を提示できなければ有権者の要望に応えきれない。これは至極当たり前の話でしょう。

しかし政界では、相変わらず互いの揚げ足取りや、足の引っ張り合いが繰り広げられ、有権者は「また政局か」と諦めにも似た冷めた目で見ている。いい加減、このような状況は変えていかなくてはいけません。**相手の全否定ではなく問題点の指摘、よりよい代案の提示。相手を言いくるめたり言い負かしたりすることではなく、腹を割った議論を通じてお互いに政策を磨いていくこと。**これからの政治には、こうした建設的な与野党の切磋琢磨のプロセスによって多様な新しい政治的選択肢を生んでいくことが求められているのです。

2012年に政権に復帰した自民党は、野党を経験したことで「二度と野党に下りたくない」という思いを強くしたのでしょう。それ以前よりもずっと国民のほうを向くようになりました。しかし、こだわりの強い部分は変える気配がありません。その一例が、選択的夫婦別姓制度や事実婚の否定、LGBTQに配慮した法整備や外国人の受け入れなどへの反対姿勢です。

自民党は、家族というものはお父さん、お母さん、子供、加えておじいちゃん、おばあちゃんが仲良く同居するかたちが基本であるという、いわゆる「伝統的家族観」へのこだわりが強い。そして家族は皆同じ姓であるべきだ、と。家制度へのこだわりです。必然的に、夫婦別姓は選択的であっても容認できず、男系男子が家を継ぐことになりますが、この思想の土台には男系男子による皇位継承の絶対化があるのでしょう。

また、外国人の受け入れ、とくに移民政策に消極的です。このような思想的な側面だけでなく、中央集権型のかたちをとった日本の統治システムへのこだわりも強い。これは国会議員として全国の隅々までをすべて自らコントロールしたいという思いの表れです。

さらに地方振興策。自民党の議員たちは全国各地の地方から選出されて東京に集まってきているので、自分の出身地がとっている振興策への思いが強い。しかし、地方振興策を「地方創生」というきれいな言葉でごまかすだけで、過疎地を「整理」しながら集約していく必要性を語らない。さらに、約30年間も停滞する日本経済を再起動させるために必要な新規事業者の参入を促す規制改革も、既得権をもつ業界団体に配慮して不十分なまま。

にもかかわらず、自民党は選挙で勝ち続け、政権をもち続けています。

世論調査では、内閣を支持する理由の上位には「他の内閣よりよさそう」がつねに挙がります。そして、このように野党が弱い状態での政治の安定が現政権・自民党のおごりを生み、さまざまな問題を引き起こしています。**僕は野党の弱さこそが、現代日本の政治の根本的な問題であり、日本の政治をよくするためには、とにかく野党が強くならなければならないと考えているのです。**

たとえば、前述したように22年2月、国民民主党が新年度予算に賛成して波紋を呼びました。この態度について、野党の存在意義を失わせる重大問題だと言う人もいました。しかし、そもそも政府予算に賛成するのが与党、反対するのが野党といった単純な区分けは、古い55年体制を引きずった悪しき政治感覚としかいいようがありません。

東京・永田町界隈に生息している政治家やメディアの人たちからすると、「野党は必ず政府予算に反対するもの」。それが固定観念になっているようですが、完全に古い感覚です。野党が政府予算案について100％同意できることなどあり得ません。逆にいえば、100％の反対もないはず。賛成する部分もあれば、反対する部分もある。そんななかで、賛成する部分が大部分を占めたり、肝心なところで賛成できたりするのであれば、政府予算案に賛成してもいいはずです。賛成・反対の結論よりも、むしろ野党が賛成に回る過程の議論が大事なのです。野党の賛成を取りつけるために、政権与党も一定の譲歩をする。これこそが55年体制を脱した、新しい建設的な国会の議論です。

政府予算案に反対したり、政府の提案に反対したりすることだけを野党の存在意義とする、そんな情けない野党の弱さが、日本の政治の病根だといわざるを得ません。今こそ強い野党の出現が待ち望まれます。

政治家を本気にさせる

強い野党の最大の効能は、与党政治家に「うかうかしていたら野党に転落してしまう。それ以前に、自分が落選する可能性すらある」という危機感を抱かせることです。野党転落、そして「政治的な死」を意味する落選を避けるには、本気で国民のことを考えた政策を打ち出し、支持を集めなくてはいけない。つまり、強い野党の存在が、与党政治家を「真に国民のために働く者」とし、政治を「真に国民のために機能するもの」とするのです。

落選の危機感が政治家の本気度を高めるというのは、野党も事情は同じです。「野党再編が必要だ！」「日本には政権交代可能な二大政党制が必要だ！」と吠えたところで、自分が落選する恐れがなければ野党政治家も本気になりません。なぜ55年体制などというものがこれまで続いてきたのか。それは落選の危機を抱きながら本気で政権交代をめざす野党がいなかったからです。この先も続けて自分が当選できるのなら野党のままでいい――残念ながら、そのように考える野党政治家が大半だったからです。

ところが、小選挙区制の導入によって自分が当選し続けることができる状況ではなくなった。小選挙区制のもとでは野党議員も根こそぎ落選する事態が起こり得るからです。

だから、17年の衆院選を前にして当時の民進党議員は自らが当選することを目的に党を解党し、小池百合子東京都知事率いる希望の党への合流に踏み切りました。合流にあたって、一部の民進党議員を排除する動きを見せた希望の党に枝野幸男さんたちは反発し、立憲民主党ができました。その後、希望の党は国民民主党に変わりました。政治家を突き動かし、政党再編に追い込んだのは、結局は政治家の生殺与奪権を握る有権者の一票という圧力、落選の恐れだったのです。

僕自身も政治家になって初めてわかりましたが、有権者ひとりひとりがもつ投票用紙は1枚の紙にすぎないけれども、政治家に対する影響力はものすごく大きい。だからこそ、若い人たちにはこの一票を最大限にうまく使ってほしいのです。

政治家は結局、票を入れてくれるところに目配りします。自分が当選するために、票をくれるところに政治的な配慮をするのです。これが民主国家における政治の現実です。今の社会保障制度が高齢者に、補助金が特定団体に偏っているのは、政治家が高齢者や特定団体を重視している証しです。少子高齢化時代は、高齢者の人口比率が高くなり、その投票率も若者たちに比べて圧倒的に高い。また特定団体が、自分たちの補助金や既得権を確保するために、必死の思いで選挙運動を行って票をかき集めてくれるからです。

若い人たちや特定団体に属していない人たちには、いわゆるシルバー民主主義や既得権を打破するために、自分の一票で、政治家に危機感を与え、政治家の尻を叩き、自分たちの世代のために政治家をもっと働かせてほしいと思います。

日本を再起動させる強い野党をつくる

僕は、有権者の一票の圧力によって生じる政党の離合集散は批判されるべきでなく、むしろ好ましいことだと思っています。僕が日本維新の会をつくり、維新の党をつくり、最後はおおさか維新の会（その後、「日本維新の会」に）をつくったとき、学者・評論家からはさんざん批判されましたが。

ゼロから政党をつくることは簡単なことではありません。当時、大阪では大阪の地方議員を集めた「大阪維新の会」という地域政党が軌道に乗っていましたが、それも結党から2年。次のステップは国会議員による国政政党の立ち上げです。自民党、旧民主党から国会議員を寄せ集め、石原慎太郎さんとタッグを組んで政党を立ち上げました。

直後の衆院選で54人の国会議員を誕生させましたが、石原さんのグループとは路線の対立から分党し、別の政治グループと合流して「維新の党」を結成。その後、15年5月の大阪都構想の住民投票に敗れて、僕が政界を引退することを表明したあと、またもや維新の党と別れました。

しばらくはおおさか維新の会として小さな政党でしたが、21年10月の総選挙、22年7月の参院選を通じて徐々に勢力を拡大し、日本維新の会として野党第二党の現在に至ります。そしてついに22年7月の参院選では、比例獲得票数で野党第一党に躍り出ました。このように維新の会は離合集散を繰り返しながら、野党としての基盤を固めつつあります。一足飛びに大きな強い野党ができあがるわけではないのです。そこを学者やコメンテーターたちはまったくわかっていません。

そもそもかつての大正デモクラシーの時代も、そして敗戦直後から55年体制の確立時までの時代も、政党というものは目まぐるしくかたちを変えています。55年体制によって現在の自民党ができあがり、その後60年以上も続いていることのほうが日本の政党史では例外的なのです。本来、政党は離合集散を繰り返しながら変わっていくものなのです。

それは、政党が国民の意識・要望を汲み上げる組織・機関だからです。民間企業でも、時代の変化や国民のニーズの変化に対応するために、商品やサービス、さらには組織を適宜変えていきます。宗教や社会的階級などによる特定の価値観にとらわれている国民が少ない日本において、国民の意識・要望を幅広く汲み上げようとする政党になろうとすれば自らの変化が必要です。もちろん、政治家自身の当選第一を目的とした離合集散は国民にそっぽを向かれますが。

言うまでもなく、自民党は巨大な政党です。60年以上もの歴史があるうえに、強固な地方組織と業界団体・地域団体とのネットワークが日本中に張り巡らされている。野党はそういう組織と対峙しているわけです。そもそも組織力では、絶対にかなわないと腹をくくったほうがいいでしょう。しかし野党には野党なりの戦い方があります。それが政治マーケティングなのです。

有権者は今の政治のどこに不満を抱いているのか。どんな願望があるのか。それを「なんとなくの感覚」ではなくデータを使って科学的、かつ合理的に見極め、自党の政策に反映し、そして実行していく。**野党への支持を拡大するには、政策実行のビフォア&アフターの違いを有権者に実感してもらうよりほかありません。とにかく実行力を示すことが、有権者の信頼獲得に直結しているということです。**

政権交代の機運を高めていくには、野党の難点としてたびたび指摘される「結局はバラバラの烏合(うごう)の衆だから、何も決められないし、実行できない」という点を払拭(ふっしょく)する努力を地道に重ねなくてはいけません。

現在の選挙制度は、ひとたび与党が信頼を失えば、いつでも政権交代の風が吹きます。憲政史上最長であった安倍政権、その後の菅政権、そして、現岸田政権においても何度も国民の信頼を失う事態が生じました。森友学園・加計学園問題、桜を見る会における首相・政権の説明不足、国会での虚偽答弁、公文書改ざん・破棄について安倍首相は謝罪することになりましたし、新型コロナ対応における政権の説明不足、医療機関マネジメントの失敗、オリンピック開催を巡るドタバタ、説明不足では、菅政権が退陣を迫られました。

岸田政権発足時には、国会議員に月額100万円支給される文通費（現・調査研究広報滞在費）が国会議員の既得権だとメディアで騒がれました。また、安倍元首相が凶弾に倒れたことをきっかけとして表面化した自民党と旧統一教会の関係に国民は大きな不信感を抱き、それまで堅調だった岸田政権の支持率が急降下しました。

このように政権与党にはつねに逆風が吹きます。野党はこの風をつかんで政権を奪取しなければならないのです。そのために野党は強くならなければならない。

では、強い野党をつくるにはどうすればいいのか。強い野党ができればどんな政治ができて、日本の再起動がどのように実現するのか。存分に語り尽くしたいと思います。

第1章

この国の閉塞感の正体

日本の「前進」を妨げてきたもの

長年政権を担ってきた与党自民党が、どうしても乗り越えられなかったことがあります。次の3つです。

1 今の地位へのこだわり
2 **既得権益**
3 **国民からの批判に対する恐れ**

自民党はこれらに縛られて、閉塞感を打ち破って日本を前進させる大きな政治決定ができずに今に至ります。

長期間にわたって現在の体制を築いてきた政権与党・自民党には、体制変更に匹敵するような政治決定に挑むことはできないでしょう。現在の体制を守ることが自民党の役割でもあるので、体制変更に対するすさまじい反対の声を押し切ることは難しいからです。

であれば、**野党の役割は、現在の体制に守られている既得権益層と激しい政治闘争を繰り広げてでも、現体制の改革に挑むことです。**

そして、野党に刺激を受けた与党自民党が、野党に転落しないために重い腰を上げざるを得ない政治状況をつくることが理想です。

では、与野党が切磋琢磨しながら、挑んでいかなければならない政治課題とはどういうものなのか、それらにどう取り組んでいくべきかについて考えていきましょう。

1 今の地位へのこだわり

政治の前進を阻む人たち

「政治不信」などと言われて久しいですが、世の中には政治家にしかできない仕事がたくさんあります。

政治には既得権益層とのつき合いがつきものです。しかし、口だけで持論を述べるだけではなく、自分が理想とする政策を「実行」していくためには、ときには既得権益層と戦わなくてはいけない局面もあります。

既存の規制や法律に守られてきた層や、その層をバックにもつ議員たちの猛反発にさらされ、悪くすれば政治家生命を絶たれる恐れすらある。これは、いわゆる「識者」たちがメディアでよく主張する「さらなる話し合いを」などという生ぬるいことでは済まされない、厳しい政治闘争です。

そこをかいくぐりながら、必要とあらば相手を倒す構えで実行力を発揮していく。**選挙戦を勝ち抜いた猛者（もさ）同士、嫉妬・敵意・足の引っ張り合いが渦巻くなかで激しい政治闘争を繰り広げながら政策を推し進め、改革を実行するというのは、まさに政治家にしかできない仕事なのです。**

また、**現在の役所の体制・権力機構・行政機構を抜本的につくり変えるというのも、政治家にしかできない仕事です。**体制を抜本的につくり変えるというのは、権力や金をあるところから別のところに移譲することなどを通じて、霞が関の省庁、都道府県庁、市町村役場という仕組みそのものを変えるということです。当然、ここでも必ず現行の体制・仕組みが変わることで不利益を被る既得権益層との戦いが起こります。

僕が政治家時代に掲げてきた大阪都構想は、まさにこの、体制の抜本的改革に挑戦したものでした。ひとことでいえば、大阪府庁、大阪市役所という権力機構・行政機構を大胆につくり変えるという大構想。当然予想されたことですが、それが実現したら自分たちの不利益になると案じた人たち、つまり大阪市議会議員、大阪市職員、職員OB、各種業界団体、各種地域団体などなど、ありとあらゆる既得権益層の猛反発に遭いました。結局、２０１５年に行われた大阪都構想の是非を問う住民投票は、１％という僅差で否決されました。

この１％の差を、どのように見たらいいでしょうか。否決は否決ですから、大阪都構想は実現しませんでした。ただ、同時に僕が強く思ったのは、明治維新から実に１５０年ほども続いてきた権力機構・行政機構は、現代日本の政治行政の基盤として機能しなくなったということです。

時代が変われば、あるべき権力、行政、つまり国のかたちも変わって当然で、やはり古い体制は新しい時代に合わせて変えていかなくてはいけません。既得権益層と戦い、打ち勝ち、改革していく。これもまた、政治家にしか果たせない役割なのです。与党政治家は基本的に現行の体制を維持し、既得権益層の保護に努めることに力を注ぎます。そうであれば、現行の体制を抜本的に改革するのは野党政治家にしか果たせない役割、といっていいでしょう。

現在の僕のようなコメンテーターや有識者などといった、口だけ人間には決してできない仕事なのです。

「専門領域の聖域化」を打破する

弁護士もそうですが、国家資格をもついわゆる士業は自分の領域を守りたがる傾向が強いものです。弁護士の隣接士業に司法書士という職業があります。彼ら彼女らの法律家としての実務的能力は、たとえば消費者金融業者との債務整理の解決などには十分対応できます。

にもかかわらず、日弁連などは、これら債務整理は弁護士の業務領域だと主張して譲らず、司法書士の参入に強硬に反対しました。もめにもめて結局、司法書士は元金140万円以下の少額の債務整理に限って担うことができる、というところで決着しましたが、本当にそれでよかったのでしょうか。司法書士をもっとフル活用すれば、日本の司法サービスは充実するはずです。

また新型コロナ禍では、感染拡大期において医療従事者の業務が逼迫(ひっぱく)したことで、ある種の医療崩壊状態にまで進んでしまいました。感染を抑えてそれを防ぐために、社会経済活動を止める方策が繰り返され、日本の経済が著しくダメージを受けました。

そこで、医師の業務を看護師、薬剤師で分担し合うタスクシェアが議論されましたが、日本医師会が強く反対。先に述べた弁護士の債務整理業務と同じく、医師のほんの少しの業務を看護師に担わせ、看護師のほんの少しの業務を薬剤師に担わせることで決着しましたが、これでは医療従事者の業務逼迫を抜本的に改善するまでには至りません。

　このように「今の地位」にこだわる傾向はいろいろな産業にあります。たとえば、農業、漁業など付加価値の高い一次産業を大規模な産業に転換できれば、それは日本の強みになるはずです。個人の第一次産業従事者が、産業化によって会社組織の一員になることについて、農協や漁協などの抵抗感が強いのかもしれませんが、しかし、日本が前進していくためには避けて通れない改革課題だと僕は思っています。

2 既得権益

日本はなぜ、30年間も停滞したのか

　あらためていうまでもないことですが、経済成長の源は企業や個人などの経済主体による活気ある活動にあります。そして財やサービスの「量」だけではなく、「質」を高める

ことが重要です。

今の時代は、個々人の価値観やニーズが多様化し、前の時代よりも生活レベルが確実に上がっています。そのため多様なニーズに合致し、さらに生活の満足度を上げるような財やサービスを生み出す必要があります。それが「イノベーション」です。

最近インテリたちの間では、「植民地からの収奪を基本とする資本主義は終焉（しゅうえん）を迎えており、先進国はもはや経済的成長を望むことはできない」という見解がはびこっているようです。しかし、これはあくまでも成長を「量」の拡大のみでとらえているもの。**「質」を高めることで新たな需要を生み出し、成長していくのがイノベーションの思考です。**

イノベーションは、企業や個人が切磋琢磨するなかから生み出されます。

企業や個人がイノベーションを起こすにはお金が必要なので、政治行政が大量の税金をそこに投入することは、僕も否定しません。自民党から共産党まで、税金投入はよい政策として強調します。しかし、お金よりも重要なことは、経済主体である企業や個人が協力したり競ったりして成長できる環境を整えることです。

民間が自由な活動を行うことができ、そして古い経済主体が市場から退場して、新しい経済主体がどんどん入ってくるような環境。この環境があって初めてイノベーションが生じ、経済が成長します。

ところが日本では、経済主体である民間事業主の自由な活動が阻害されることが多い。**古い経済主体の既得権益が守られ、新しい経済主体の参入が難しいのです。**だから経済が成長しない。それがこの30年の日本経済の停滞の原因です。

タクシー業界と「ウーバー問題」

たとえば、「ライドシェア」がその典型です。

ライドシェアとは、行政が管理するタクシー免許をもっていなくても、自分の車を利用してドライバーとしてタクシー業に参加できるというもので、配車アプリがドライバーとお客を適時マッチングさせます。アメリカ企業ウーバー・テクノロジーズの事業が有名ですが、海外の先進国ではライドシェアのシステムが定着しています。先進国で導入されていないのは日本くらいです。

これは、お客とドライバーが相互に評価し合い、アプリにそれが表示される仕組みになっていて、悪い評価のドライバーは選ばれなくなり、悪い評価のお客は乗車拒否に遭うシステムです。悪い経済主体はライドシェアの世界から淘汰(とうた)されていく。そのため、料金は明朗で、ドライバーのサービスは好評だし、お客が事件を起こすことも少ない。

配車アプリの機能も日々改良が重ねられ、より使いやすくなっています。ライドシェアのドライバーは免許制によって台数制限をかけられているわけではないので、乗車可能な車両が街中に数多く走っています。顧客獲得競争が激しいので、ドライバーは各々、お客を拾えそうな場所を見つけ出し、その周辺で車を走らせます。その結果、お客は乗りたいときにすぐに空車を見つけることができるのです。

海外でライドシェアを使った人は、その便利さを実感しているはずです。そして日本に来てライドシェアが使えないと、その不便を痛感するわけです。

日本でライドシェアが原則認められていないのは、タクシー業界や所管する国土交通省、そしてそれを支援する政治家などが強く反対しているからです。配車アプリは最近普及し始めましたが、それはタクシー免許をもつドライバーを対象にしたもので、ライドシェアとはいえません。単なる免許タクシーの配車アプリです。このような現状のタクシー免許制は本当に国民の利便性に貢献しているのでしょうか。

まず、サービスの悪いドライバーが新しいドライバーと入れ替わる力が働かない。一度免許を取得したドライバーの権利は原則、永遠に保障されるので、サービスの悪いドライバーが排除されることはまずありません。皆さんは、日本のタクシーに乗って気分を害したことはないでしょうか。お客はドライバーがどのレベルなのかを事前に知ることができないため、乗車後に嫌な思いをすることがあります。

さらに、日本のタクシーは免許制によってドライバー・車両の台数が制限され、供給過剰にならないように調整されています。ドライバー間に過度な競争が発生して各人の売り上げが下がらないようにしているのです。だから、タクシーを利用したい雨の日や、時間や場所によっては、乗ろうと思っても全然つかまらない。競争がないため、ドライバーは客がいそうなところを必死に探そうとせず、確実にお客を拾えるターミナル駅のタクシー乗り場で長時間待機していることが多いからです。先日僕自身も、娘と美術館に行った帰りにタクシーに乗ろうとしましたが、なかなか拾えなかった。不便極まりないと感じたものです。

既得権がイノベーションを阻んでいる

日本政府がライドシェアを認めないのは、タクシー会社やタクシードライバーの利益を守るためです。車をもっている人がタクシー免許がなくても空いた時間で気軽にタクシー事業ができるようになると、既存のタクシー会社やタクシードライバーにとっては大打撃です。他方、彼らの利益を守ると国民全体の利便性が損なわれます。

このライドシェアの話は、タクシー利用者の利便性向上の話にとどまるものではありません。**経済主体がイノベーションを起こすことができるかどうかの重要な分岐点になる話なのです。**というのも、ライドシェアから始まったウーバーなどの事業者が、配車サービスを起点に次々と新たな事業を生み出してきているからです。

空車車両とお客をマッチングするだけでなく、飲食店と消費者を出前で結ぶウーバーイーツが生み出され、コロナ禍の日本でも爆発的な成長を遂げました。さらに海外の配車アプリ事業者は、ネット金融やネット販売などにも事業領域を広げ、スーパーアプリなるものに発展しています。これこそまさにイノベーションによる経済成長です。

日本では、そもそもライドシェアが認められていないので、それを起点にしたイノベーションや成長は生じていません。既得権益を守りたいという動きはタクシー業界だけではありません。たとえば、新型コロナウイルス対応について政府は、「かかりつけ医制度を設けたり医療機関に対する指示権を確立したりする」と言いました。しかし、そうした提案に対して医療界は猛反対しました。

ですから、今政治が優先的にやるべきことは、近年議論が始まったWeb3・0（仮想通貨の経済圏）などのちょっとかっこよさそうな問題ではなく、民間の経済主体によってイノベーションが生まれる環境を整えること。すなわち既得権益をぶっ壊し、新規参入がどんどん促されて経済主体が切磋琢磨できる環境を整えることなのです。

世の中の賛否両論の議論には2種類あります。1つは、学者たちが集まって賛否両論が巻き起こる場合です。これは専門家による机上の議論ですから、命をかけたものではなく、学術的な議論や抽象的な議論に終始します。

もう1つは、自分たちの生活がかかっている人たちが激しく反対する賛否両論の議論。こちらは参加者が命をかけて議論します。Web3・0の話は前者であり、ライドシェアの話などは後者。政治家が力を尽くすべきはもちろん後者です。

「経済安全保障」は実現できるか

国政選挙の前になると、多くの党は「経済成長をめざす」と言います。しかしその方法はというと、国債を発行して金をつくり、特定産業や特定団体にお金を投入するという話ばかり。それだけでは成長は望めません。本来はライドシェアのような、**民間企業の新し**

い活動を認めていくことが経済成長の原動力なのです。

今、日本では国家として半導体製造の工場をもつことが必要不可欠だという声が強くなっています。この点に関連して岸田政権でも「経済安全保障」についてよく言及されています。

現在、世界第三位の台湾の半導体メーカーＴＳＭＣ（台湾積体電路製造）に数千億円の補助金を出して、熊本に工場を誘致する話が進んでいます。ＴＳＭＣはそれに応えて２０２１年10月に日本国内で初めてとなる新工場の建設に着手し、24年の稼働開始をめざす方針を発表しました。ＴＳＭＣの半導体工場は、熊本県内にソニーグループと共同で建設され、画像センサー用半導体や車載用半導体などを生産する見通しだと報じられています。

ＴＳＭＣは、熾烈極まりない国際ビジネスの環境で先頭を走っている企業ですから、工場を稼働するまでの間、そして稼働したあとも、日本でビジネスを行うことが中長期的に有利なのかどうかをシビアに判断していくに違いありません。

日本社会が人材の面でも、雇用の面でも、規制の面でも、とにかくビジネスがやりにくいとなれば、あっという間に去っていくか、日本にとどまるためのさらなる要求をしてくるでしょう。生き馬の目を抜くがごとくの世界でやっているＴＳＭＣが、日本政府の言いなりになって半導体を日本に優先供給し、日本の半導体技術を発展させてくれるなどということがあり得るのか、僕ははなはだ疑問です。そもそも半導体の国際ビジネス情勢が将来どうなるかなど、政治家や役人たちが的確に予測できるはずがないのです。

大阪府も、僕の前任知事である太田房江さんが、当時のシャープに対して数百億円の補助金を出して、液晶パネル工場を堺市に誘致したことがあります。そのときは大阪府も大阪の経済界も「大阪湾はパネルベイになる！」と大喜びしました。ところが国際ビジネス環境は厳しい。パネル産業において、日本、そして大阪府、堺市、ひいてはシャープの国際競争力はあっという間になくなってしまいました。

国際ビジネスに相応しい環境をつくる

今、ＴＳＭＣには国際競争力があります。しかし、日本や熊本に競争力がなければ、ＴＳＭＣの競争力もあっという間に失われます。日本の労働市場は硬直的で、優秀な人材を容易に集められる環境になっていません。優秀な人材をどんどん集めようと思えば、優秀でない人材にどんどん去っていってもらわなければなりませんが、日本では解雇規制が厳しいため、そのような人材の入れ替えは容易にはできません。

優秀な人材を集めるには、解雇規制の緩和による労働市場の流動性が必要不可欠です。解雇された人は行政が支援して、別の企業で活躍できるよう再教育するのもいいでしょう。現にＴＳＭＣが国際競争を勝ち抜いているのは、優秀な人材がどんどん集まってくる人材の流動性が高い企業体だからです。

解雇規制の緩和に徹底して反対しているのは、安泰の地位を与えられた正社員とその正社員で組織される一部の労働組合です。労働者の40％を占める非正規社員は、たとえ能力があっても実質的に解雇規制の対象外とされ、正社員の雇用を守るために犠牲になっているという現実もあります。正規・非正規の賃金格差と同じく、明らかに不公平です。

労働市場の流動性がない日本に工場をつくって、ＴＳＭＣは今後も国際競争力を保つことができるのか。また、今般のコロナ禍対応のように法的な根拠があいまいなまま、民間の営業・事業活動を平気で制限する日本で、自由闊達な企業活動を展開できるのでしょうか。僕は早晩、ＴＳＭＣが「日本なんかでは、熾烈な国際ビジネス競争を勝ち抜くことはできない！」と怒って日本を去ってしまうのではないかと本気で心配しています。

金を投じて最先端の国際企業を日本に誘致するだけでは失敗します。**日本社会を、国際ビジネスをするのに相応しい環境につくり変えていく。それが、日本を前進させるために**

政治家が力を入れなければならない重要な「改革課題」の1つです。

3 国民からの批判に対する恐れ

DX化が一向に進まない理由

2021年の通常国会で菅政権の肝煎り（きもいり）だった「デジタル改革関連法案」が成立し、同年9月にデジタル庁が設置されました。

ようやく行政と社会のデジタル化が本格的に動き出すということで、僕は、自民党デジタル社会推進本部の座長代理を務める平将明衆議院議員にインターネット番組に出演してもらい、デジタル発展途上国・日本の実情と行政のデジタル改革について議論しました。そこで得た知見をもとに日本の前進を妨げているものの正体を論じていきましょう。

コロナ禍で行われた20年の国民1人10万円の一律給付金は、自治体から送られてきた用紙に支給希望者が手書きで個人情報と預貯金口座番号を書いて返送し、それを行政が確認してから世帯主の口座に入金される仕組みでした。時間も手間もかかるやり方ですが、日本政府も自治体も国民個人の口座番号を把握していないので、こうするしかありませんでした。

これは、日本の政治行政が国民からの批判を恐れて、政府はできるだけ国民の個人情報を保有しない、他の個人情報とひもづけない、という方針でやってきた結果です。

この背景には、国・政府が集めた個人情報の流出が怖い、いろんな個人情報に国がアクセスできるようにするのは国に監視されているようで嫌だという、やや行きすぎた国民の不信感・不安感があると思います。そのため、国民ひとりひとりの状況に応じて行政が支援する環境が整わず、コロナ禍では国民を救うための対応が完全に遅れました。これによって誰の目にも明らかになったのは、日本のDX（デジタル・トランスフォーメーション）化への対応の遅れでした。

マイナンバーの法体系を変える

「デジタル政府」が進まない問題は、実は憲法9条問題と根っこは同じなのです。

憲法9条において、日本は国際紛争を解決する手段としての武力の行使を放棄し、陸海空軍その他の戦力は保持しないとされています。武力の行使は絶対にしないというところからスタートし、自衛権の範囲でそれを使用する場合があるからと自衛隊ができ、そして必要最小限度の自衛力しか保有しないし使わないとなりました。

そこで自衛権の範囲内で武力行使として「できること」をひとつひとつ法律でリスト化していきました。これは裏を返せば、法律で許容事項としてリスト化されたこと以外は何もできないということです。こうしたやり方を「ポジティブリスト方式」といいます。

他方、世界各国の軍隊は、自衛権の行使としての武力行使は国民・国家を守るうえで必要なことはすべてできることを大前提に、「できないこと」だけを禁止事項として法律でリスト化する「ネガティブリスト方式」をとっています。つまり、裏を返せば法律で禁止事項としてリスト化されたこと以外は何をしてもいいということです。

有事の戦闘状態では当然、禁止事項を列挙したネガティブリスト方式が合理的です。ポジティブリスト方式だと、有事で何が起きるかを事前にすべて予測して、国民・国家を守るために許される武力行使を完全に法律化することが求められますが、それは不可能です。有事は予測できないことの連続なのですから。法律で禁止されていること以外は原則「できる」というネガティブリスト方式をとらざるを得ません。

これと同じことがデジタル政府問題においても生じているのです。

マイナンバーに各種の個人情報をひもづけて、必要なときに政治行政が使えるかたちになっていれば、一律給付金についても非効率な方法は避けられたはずです。マイナンバーに預貯金口座番号や携帯電話番号、メールアドレスをひもづけるだけで、行政から適宜必要な人に情報提供や給付金の支給ができます。

しかし、マイナンバーの現在の法体系は「できること」を法律で列挙するポジティブリスト方式で、一律給付金の事務にマイナンバーを使ったり、マイナンバーと預貯金口座番号や携帯電話番号・メールアドレスをひもづけることは明記されておらず、それらはできませんでした（その後、預貯金口座をひもづけられることが法律に明記され可能となりました）。ここが、デジタル政府が進まず、日本がデジタル化しない根本原因です。

ゆえに、個人情報の目的外使用や情報漏洩、のぞき見などやってはいけないことを明記して厳罰化し、それ以外は個人情報をフルに活用できるようにマイナンバーの法体系をネガティブリスト方式へ変更することが絶対的に必要なのです。

自衛隊に関する法体系をネガティブリスト方式にするには、憲法9条の改正が必要になり、ハードルが高いとは思いますが、政治行政と社会のデジタル化に関する法体系を改めることは、憲法改正までは必要ありません。法律を改正すればできます。

行政や社会を大胆にデジタル化するには、ネガティブリスト方式の法体系のもとでマイナンバーとあらゆる個人情報をひもづけることが必要不可欠で、これがデジタル社会の進展に向けてのセンターピン（ここを実現すれば、すべてが変わっていく急所）です。

これまでマイナンバーと個人情報のひもづけを批判してきた人に限って、一律給付金の遅れに「行政の対応は遅い！」「もっと国民の生活を支えろ！」と言う。しかし、1億2000万人の国民を行政が迅速、的確に支えようとするのなら、国民ひとりひとりのＩＤ（マイナンバー）と個人情報をひもづけて政府が把握しなければなりません。行政が国民をしっかり支えようとすれば、マイナンバーカードの普及とその活用が大前提となるのです。

マイナンバーカードを活用した政治行政のデジタル化が整備されていれば、新型コロナウイルスのワクチン接種はもっと円滑に進めることができたでしょうし、感染者の把握や入院調整という事務負担によってパンクした保健所を救うこともできたでしょう。

マイナンバーカードの保有を国民全体に義務化することについては、それこそ赤ちゃんが生まれたときに自動的にマイナンバーを付与し、カードを交付する制度にすればいいのです。そして、マイナンバーを、法律の禁止事項以外にはフル活用できるというネガティブリスト方式の法体系に整備する。この2つが日本をデジタル化する原動力であり、これはまさに政治家の仕事です。

国民のデジタル思想を変革する

マイナンバーの法体系をネガティブリスト方式に変えることに、国民の皆さんが不安を感じるのもわかります。僕自身も大阪市長時代に週刊誌で自分の戸籍が話題になった際、役所の職員に自分の戸籍をのぞき見された経験がありますから。そのようなリスクには厳罰を定めることなどのやり方で対応して、これまでのデジタル化の遅れを取り戻してもらいたい。

そのためには国民のデジタル化に関する考え方、思想を変えていく必要があります。国民の意識改革です。それを促す役割は政治家にある。令和の時代で活躍すべき次の世代の政治家たちが、「デジタル化によって行政が弱者をきちんとサポートする社会をつくりましょう」と訴えかけたり、ダイナミックにデジタルの利便性を語ったりするのです。

できること、やっていいことだけを法律でリスト化するポジティブリスト方式は、イノベーションが起こりにくく、日進月歩のデジタルの世界と一番相性が悪い。企業が新しい技術やサービスを社会実証実験しようとして法律を見ると、そのような想定をしていない時代につくった法律であるがゆえに、やっていいことのリストに新しい技術やサービスが載っていないことが多く、コンプライアンスを重視する企業はそこで動きが止まってしまいます。**禁止事項だけを列挙したネガティブリスト方式の法体系を整え、「禁止事項として書かれていないことはどんどんやれ！」と大号令をかけることがイノベーションを生む源です。**世界の先進各国の政府は２０００〜10年代に国民ひとりひとりのナンバーをＩＣチップに組み込んで、各種個人情報とひもづけながら、国民に対する行政サポートに役立て始めています。

日本がデジタル行政の遅れを取り戻すための僕からの提案は、子供が生まれたときや小学校の入学時、あるいは義務教育が終わったとき、または成人する18歳のときでもいいのですが、マイナンバーの機能を組み込んだスマホを配ってしまうことです。

そうすれば、行政は低コストで効果的なサービスを国民に提供できるし、日本社会のデジタル化も一気に進むと思います。

情報漏洩や不正使用などには厳罰化で対応し、どうしても個人情報のひもづけが嫌な人には正当な理由に基づくひもづけ解除（オプトアウト）の余地を残しておくなどの知恵を絞りながら、ネガティブリスト方式によるマイナンバーのフル活用を進めていくべきです。

第2章

「強い野党」のつくり方

政権交代可能な野党をつくる

「保守」「リベラル」の対立はもうやめよう

第1章では、日本の前進を妨げてきたものの正体とその解決策について述べました。

将来にわたって国の成長を損なうような待ったなしの問題の解決に取り組み、民間の創意工夫やイノベーションを引き出す環境の整備は、政治がその役割の多くを担っています。30年間停滞してきた日本の再起動には、政治の前進が必要不可欠です。

そして、**政治を前進させるのに一番重要なのは、「国会議員に落選の危機感」を抱かせること、「政権与党に政権交代の危機感」を抱かせることです。**だから僕は、いつでも自民党に取って代わり得る強い野党が存在する「二大政党制の必要性」をずっと訴えているのです。

二大政党制に移行するためには、55年体制のイデオロギー対立はもう終わりにしなければなりません。「保守」「リベラル」で対立することは無意味です。現在、保守の中身もリベラルの中身も、論じる人が100人いれば100通りの解釈があるような状況です。挙げ句の果てには「リベラル保守だ」「保守リベラルだ」という分類もされるようになってきました。ここまでくるともう区分け自体が無意味です。

今の日本には課題が山積しています。それを解決することこそが政党の使命なのですから、**与野党の政党は、イデオロギーの対立ではなく、具体的な解決策の中身によって競い合わなければなりません。**

実は政治家の間でも専門家の間でも、解決策はだいたいわかっているのです。わかっているけれども、実行できないのが日本の政治の状況です。もちろん解決策の中身については、各政党の考え方の違いが多少反映されることはありますが、基本的には実行力があるかどうかが重要です。

口ではいくらでも聞こえのいいことが言えます。ですから、それを本当に実行する力をもっているかどうかが、政治家、政党にとってもっとも重要です。

自民党は政権与党として、それなりの実行力をもっています。しかし第1章でも触れたように、①今の地位へのこだわり、②既得権益、③国民からの批判に対する恐れ、という3つの壁を乗り越えられずに、肝心なところで課題解決のための重要な政策を実行できていない。そのことが今の日本を停滞させています。

だからこそ、**野党は、①今の地位にこだわらない、②既得権益を擁護しない、③国民からの批判を恐れない姿勢を明確にし、実行力を国民に感じてもらうことが肝要です。**

野党が自民党と対峙する際に心がけるべきことは、イデオロギーではなく現実的な解決策で勝負すること。世間が解決策を強く求めている課題について、さらにはまだ世間が気づいていないけれど日本が直面している重大課題について、自民党の政治では実行できないであろう解決策を自民党にぶつけ、世に問うていく。

社会に存在する課題は無限で、それを解決するために必要な政策・制度もある意味無限です。これら無限の政策・制度を、「保守」「リベラル」に完全に区分けすることは不可能です。ゆえに、保守政治家だからこのような政策をやるべき、リベラル政治家だからこのような制度をつくるべきという思考方法はご法度(はっと)なのです。

保守やリベラルに関係なく、必要かつ合理的な解決策を実行していくこと。これこそが政治家に求められている使命であって、とくに野党が意識すべきことです。

結局、実行力がすべて

とりわけ「保守派」「リベラル派」などといった、イデオロギーによる支持層が薄く、また弱くなっている近年では無党派層、つまり、イデオロギーにこだわらない層に対するアピール力が重要になっていると見るべきでしょう。

かつてイデオロギーにこだわる議員は、公務員や教員の労働組合に支えられていましたが、今では、労働組合などの組織に属する有権者の数よりも、組織に属さないいわゆる無党派層の数が圧倒的に多い。世論調査では、自民党支持率が40％近く、支持政党なしの無党派層が40％近く、残りの20％を多数の野党がちまちまと分け合っている状態です。

無党派層は、自民党支持勢力に次ぐ巨大な勢力です。このイデオロギーにこだわらない層を引きつけることができるかどうかが政権を取るための重要ポイントです。無党派層の支持を集めるには、イデオロギーにこだわる議員はむしろ邪魔なのです。

さらに二大政党制の一翼を担うこれからの野党は、政党内の政策の一致や理念の一致に完全性を求めるべきではありません。政党の規模が大きくなって議員が増えてくれば、各々の議員の考えにはいろいろなものがあるので、政策や理念の完全一致など不可能です。そして無限に出てくる世の中の課題に柔軟に対応できなくなってしまう。政治で重要なのは、抽象的な理念や観念よりも課題に対する現実的な解決能力です。

現代社会においては、政治家が国民の暮らしを劇的によくするなんてことはできません。高度経済成長期からバブル期までと比べて、生活がよくなる「伸びしろ部分」が少なくなっていて、政治家は国民に嫌なこと、負担を求めることを多くやっていかなければならない時代です。そういう時代における政治の仕事は、**現実に存在する課題を解決し、以前の社会よりも「少しでもましなものにすること」が中心になります。**

課題解決や社会をよりましなものにする改革を1つやるにも、膨大なエネルギーと時間を必要としますが、その際に、権力を適切に使って課題解決や改革を進めるのが政治の本質です。1人の政治家が世の中を一気にバラ色に変えることはできませんが、それでも社会に存在する課題を1つでも解決していこうとするのが政治家本来の姿です。

自民党では出せない解決策を示す

今の野党には国民目線が不足しています。

選択的夫婦別姓、同性婚、移民問題——これらは、2015年12月に大阪市長を退いたのち、日本維新の会の政策顧問となった僕が党に提案したことです。約1年半というわずかな期間の在職でしたが、自民党では実現できないけれども、国民の関心度の高い課題に取り組んだらどうかと考え、提案したのです。

天皇の皇位継承問題もそうです。自民党は男系男子の継承にこだわっていますが、この問題は、あくまでも皇位継承の「順番」の問題と理解して、いったん女性天皇が誕生しても、その後皇族が旧宮家の男系男子と婚姻や養子縁組をするなどして男系男子の皇位継承者が誕生すればそちらに戻せばいいのではないかと提案しました。自民党や有識者会議からは旧宮家の男系男子を皇室に養子縁組する案が出ていますが、養子縁組は強制できません。それができなかった場合の方策まで考えるのが政治の役割です。

しかし、日本維新の会のメンバーのなかには、これらの課題について、これから日本が進むべき道となる解決策を積極的に提案することにうしろ向きな人が多かった。そしてそれらの人たちの共通点は「保守」という概念にこだわっていることでした。

「夫婦別姓や同性婚は保守ではない」「女性天皇なんて反保守の極み」など、保守はこうあるべきと自分で決めてしまい、日本社会が本当に必要としている課題に対する解決策を提案できず、結局は自民党と同じスタンスになって現状維持になることも多かったのです。日本維新の会のメンバーは自民党出身者が多いので、政治家個人の価値観・政治信条では、自民党と同じ方向性になってしまうのかもしれません。しかし、それでは有権者の選択肢は広がりません。

社会が求めるもの、有権者が求めるものから離れた自分の価値観や政治信条などは二の次です。自民党の政治家がそれらにこだわることができるのは、政権与党として実際に政策を実行し、有権者が自民党政治を体感しているからです。中身に賛否があるにせよ、自民党は口だけの政党とは違うと有権者は認識しています。政策を実行しない口だけの野党政治家たちが、さらに社会や有権者が求めることと離れた自らの価値観や政治信条にこだわれば、有権者にまったく見向きもされなくなります。

野党はまず、自民党ではできない解決策にこだわることです。野党が自民党と同じ日本の方向性を示しても、有権者は自民党の支持に回るだけでしょう。

今の野党を見ていて認識が大きく間違っているように感じられるのは、有権者の教育水準が高まり、社会も成熟した現在の日本では、有権者の知識や能力は政治家に比肩する、それどころか政治家の知識・能力をはるかに超える有権者も多いという現実がわかっていないということです。

高等教育を受けた一部のエリートが政治家となり、それ以外はほとんどが高等教育を受けていない有権者たちに「自分たち政治家についてくれれば間違いない」と訴えて票を集める。そんなやり方が通用する時代は、もうとっくに終わっているのです。その点に気づかない限り、強い野党をつくることはできないでしょう。

たとえば今の立憲民主党を見ると、代表の泉健太さんは新しい野党のあり方を模索しチャレンジしようとしているように見えますが、かつて民主党政権を担った国会議員たちは、いまだに自分の政治信条にこだわっていて、国民は自分たちについて来いというスタンスでいるように感じます。

しかし、野党が選挙で自民党に負け続けている現実を考えれば、むしろ国民に対して謙虚に「皆さんが考えている方向性はどのようなものでしょうか」「私たちはこうしようと思っているのですが、いかがでしょうか」という姿勢で臨むべきなのです。

今の有権者は、冷徹なまでに現実的だと思います。政治家が個人の価値観・信念・政治的信条を熱く語り、有権者が拍手喝采するという構図はほとんど成り立ちません。

目を見開いて現実の社会にある課題を見つけ出し、自民党ではできない政策をもってその課題を解決するビジョンを示さなくては、支持を集められない。野党政治家が熱く語るものがあるとすれば、それは個人の思いや信条などではなく、課題を解決するためにこれからの日本が歩むべき道です。つまり、自民党が示すものとは異なる新しい政治的選択肢についてなのです。

人々の生活はイデオロギーで動いているわけではありません。人々が困っていること、社会がぶちあたっている課題を解決する。それが現代における政治の役割であり、そのためには**徹底した「政治マーケティング」が必要不可欠**です。

今こそ「政治マーケティング」を活用せよ

「政治マーケティング」はアメリカに学べ

もともとコンサルティング業が盛んなアメリカでは、政治でもマーケティングが当たり前のように行われてきました。


古くは、ジョン・F・ケネディがマーケティングに長けていたことは有名な話でしょう。世論調査の専門家ルイス・ハリスと組んだことが、ケネディの勝利の一因だったといわれています。

ほかにも、たとえば2000年以降の共和党は、政治コンサルタントのカール・ローブと手を携え、いわゆるビッグデータをもとに選挙戦を展開してきました。購読している雑誌から食品、衣類、酒、車、家、加盟しているゴルフクラブ、フィットネスクラブなど、有権者の消費活動を細やかに把握することで、より個々にダイレクトに届きやすいメッセージを発信できるようになり、それが勝利につながってきたのです。

共和党に少し後れをとるかたちになったものの、民主党でも2006年から有権者のデータを選挙に活用するようになりました。そこから民主党の躍進が始まったといわれており、ついには最先端のマーケティング技術を用いたバラク・オバマが大統領選を制することになりました。

政治において、データを用いたマーケティングが駆使されているのは、アメリカだけではありません。いっときのイタリアで一大勢力となった「五つ星運動」をご存じでしょうか。これは、人気コメディアンと企業家という異色コンビが設立した政治運動体による政治運動なのですが、彼らの支持の集め方は非常に斬新でした。

それは、ネット上のミーティングサイトで有権者と専門家が議論しながら政治家を輩出し、その政治家は、ネットミーティングで議論された内容をそのまま政治に反映させていく、というもの。政治に不信感を抱いている有権者を議論に引き込んで支持を拡大していくというのは、同じく政治不信が強い日本の政治家にとっても非常に参考になるマーケティング手法です。

イタリアの五つ星運動は、このようにＩＴを駆使した新しい手法で政治家を送り出し、その主張も、議員報酬削減、議員定数削減などと既存政党には見られなかった画期的なものでした。

それが、かねてより既得権益層に対する不満や政治不信を強めていたイタリア国民の支持を集めました。ネットミーティングで輩出された政治家は、その決定に従わなくてはいけないというルールに対して批判する声も上がりましたが、五つ星運動はそのような批判をものともせずイタリア政界を担う一大勢力にまで一気に成長したのです。

この五つ星運動は有権者の支持をつかみ続けることはできず、22年の総選挙で惨敗してしまいましたが、既存の政党が有権者の支持を引きつけたわけではなく、「イタリアの同胞（ＦｄＩ）」という、やはり既存の政党とは異なる政治をめざす政党が多くの支持を集めました。

政治マーケティングの3つの要素

政治マーケティングには3つの大きな要素があります。

①民意を探る、②政治家のイメージアップをはかる、③支持者を組織化して拡大していく、の3点です。

日本では、①の民意を探るための世論調査的なものはこれまでも利用されてきましたが、まだまだマーケティングといえる代物ではありません。②の政治家や政党のイメージアップをはかるものは、最近かなり利用されてきています。ポスターやビラのつくり方、またテレビ映りや演説の仕方について訓練を受ける政治家が増えてきました。

③の支持者を組織化するマーケティングはほぼ手つかずで、自民党がやっと模索し始めたような状態ですが、新興野党の「れいわ新選組」や「参政党」が積極活用することで支持を拡大しました。22年7月に行われた参院選で国政に初挑戦した「参政党」は、支持者拡大マーケティングで大成功を収め、約170万票の比例票を集めて1議席を獲得しました。イタリアの五つ星運動の手法を巧みに取り入れたやり方です。ワンランク上の党費を納めた特別の党員には、党の意思決定に参加する権利をもたせています。

ただし、②を強化しすぎるのは好ましくありません。アメリカの政治マーケティングは、この点で甚だしく度を越しているように見えます。

なぜかというと、イメージ戦略の機能とは、あくまでも政治家を「よく見せること」であって、イメージ戦略そのものには政党や政治家の実力を向上させる効果はないからです。つまり、②が過ぎると中身が伴わない虚像が独り歩きし、議員に相応しくない人物が当選するという結果につながりかねないのです。

こうしたなかで、**日本の野党を強くするのに必要な政治マーケティングは、民意を探る①の要素、加えて支持者組織を拡大する③の要素です。**

支持者を組織化する手法としては、五つ星運動や参政党のように、党の意思決定に参加している感覚をもたせることが重要です。これは、インターネットを活用すれば十分可能です。従来の党員は、党費を払っても、せいぜい総裁選や代表選で一票を投じることとくらいにしか参加意識をもたなかったでしょう。五つ星運動のように最終決定権まで与えることはないにしても、個別の政策決定に参加している感覚をもってもらうことが大切です。

そして、もっとも必要なものは、民意を探るマーケティングです。それは個別の政策に賛否を逐一問うようなものではなく、**自分たちの政党の「色」、日本が進むべき「道」を探っていくものです。**

個別の政策について有権者全員が賛成することなどありません。必ず賛否があります。

そんななかで、過半数を得た政策を単純に並べても全体の整合性がとれないし、政党の「色」も出ません。自分たちが示す日本の進むべき「道」も漠然としたものになります。

ある政策については過半数を得るかもしれないが、ある政策は過半数を得られない。それでも自分たちの政党の色を出し、自分たちが考える日本の進むべき方向性がなんとなくであっても有権者に伝わるようにする——これが政治マーケティングの目標です。

異なる「色」、別の「道」をアピールする

自民党は選挙に勝ち続けて政権を維持していますが、もちろんその考え方すべてに国民が賛成しているわけではありません。

自民党は選択的夫婦別姓、同性婚、女性天皇に明確に反対しています。他方、世論調査では国民の多くはそれらを支持しているという結果が出ています。それでも自民党が選挙で勝ち続ける。それは自民党の「色」、自民党が示す日本の進むべき「道」が、現状では野党のそれらよりも、まだましだと評価されているからです。

したがって、野党は個別政策で勝負するのではなく、野党の「色」、野党が示す日本の進むべき「道」が自民党よりもましだと評価されることに力を注ぐべきなのです。

有権者からそのように評価されるためには、政治家の独りよがりの政治信条を有権者に押しつけることはご法度です。政治マーケティングを駆使して、有権者に評価されるような政党の「色」、日本の進むべき「道」を示していくことが政権奪取の鍵になるのです。

では、どうやって政党の「色」、政党が示す日本の進むべき「道」をかたちづくり、示していくのか。それのためには「色」や「道」を象徴するような課題解決策としての政策、制度を有権者に示すことが重要です。今の野党は、有権者に受けるような個別の政策を羅列しているだけです。それでは「色」は出ません。そうではなく、自民党ではおよそできそうにない、象徴的な解決策を提示する。そのうえで、口だけではない実行力を示すことも肝要です。

そのポイントになるのが、①地位にこだわらず、②既得権を打破し、③世間の批判を恐れないこと、です。

そもそも二大政党制を前提とする場合には、有権者の選択は、最終的には与党か野党かの二者択一になるので、**野党は、結局は与党と異なる「色」、与党とは別の「道」をアピールすればいいのです。**微妙な色の違いや道の違いをアピールする必要はなく、ただただ与党との違いをアピールすればいい。

その際に、その色と道が、国民の多くの賛同を得られるように、裏を返せば国民の多くに毛嫌いされないようにするのが政治マーケティングです。

有効な政治マーケティングの要諦は、次の2点にまとめられます。1つは的確かつ合理的な質問に答えてもらう世論調査を行うこと。もう1つはイタリアの五つ星運動や日本の参政党が実施したようなネットミーティングを開き、社会的な課題や政策の議論への参加を広く促すことです。

重要なのは、有権者が何に不満を抱き、何を求めているかを理解することです。たとえば、ひと口に「与党に不満がある」といっても、「与党の政策に不満がある」と「与党の実行力に不満がある」とでは、野党がとるべき方針は異なります。前者ならば与党とは違う政策論議を展開すること、後者ならば政策そのものは与党と似通っていても実行力が違うと訴えることで、有権者の要望に十分に応え得る政党であることをアピールできます。

このように有権者の不満や要望を把握し、的確な戦略をとっていくには、有権者動向に関するビッグデータの解析が必要です。それを可能にするのが、先ほど有効な政治マーケティングの要諦として挙げた2点ということです。

マーケティング巧者だった安倍政権

選挙戦では経済・教育・福祉に関する政策をアピールして支持を集め、選挙後は憲法や安全保障といった政策を推し進める。これが故・安倍晋三さんが首相時代にとった戦略です。選挙中は国民の求める政策を前面に押し出し、選挙後は国民やメディアから不人気の政策を推進するという姿勢には、政治マーケティングの極意が表れています。

憲法第9条の改正案についても、安倍さんのバランス感覚は見事でした。自分のこだわりをフルに反映させたら「2項を削除し、日本は完全な軍事力をもつ」となるところを、それでは国民の多くに受け入れられないという判断で、「2項は据え置き、自衛隊を合憲とする規定のみ置く」という改正案をまとめました。

自身は憲法9条2項削除に強い政治的信念・信条をもっていたにもかかわらず、国民の意向を的確に汲み取り、一部の学者やメディアから猛反発を受けても、国民大多数の感覚に合わせていく。安倍さんは政治マーケティングに長けた稀有(けう)な政治家でした。

安倍政権が憲政史上最長の長期政権となった一大要因も、安倍さんが誰よりもマーケティング巧者だったことにあると見ていいでしょう。

政治マーケティングを怠ると民意は離れる

安倍さんのあとを引き継いだのは菅義偉さんです。僕は、菅さんのほとんどの政策に賛成でしたし、日本にとって必要な改革を多く実行してくれました。ただ、菅さんは周囲に相談する前に自分で決めてしまうきらいがありました。

それが、有権者の多くが納得している方向性であれば問題はありません。しかし、賛否が激しく割れたときも、菅さんは自分で結論を先に決めてしまって官僚をビシバシ動かし、どんどん進めてしまいます。そのため、新型コロナ対応にしてもオリンピック開催にしてもＧｏＴｏトラベルにしても、専門家から反対意見が出てしまうことになりがちでした。

菅さんは決断する前に、テレビカメラの前で専門家としっかりと議論を行えばよかったのです。そうすれば、その議論の様子が世間に伝わり、メディアであーだこーだという議論が始まる。その様子をしっかり見ることがまさに政治マーケティングです。

自分の思うような世間の反応になっていなければ、専門家とさらに公開議論を深めて、世間の反応を変えるように努める。それでも世間の反応が自分の考える方向にならなければ、そこはいったん世間の反応に合わせた決定を行い、自分の考えについてはのちに再チャレンジする。これが世間の支持を離反させない政治マーケティングの技です。

その点、岸田さんは一部で「検討使」と称されるほど、まずは「検討します」「よく考えます」と言って、その場で自分の意見を述べることに慎重な姿勢を見せます。そしてメディアにおいて専門家たちに賛否両論、丁々発止の議論をやらせます。自分は当事者として議論に参加しませんが、政府情報を小出しにメディアに流して観測気球を上げ、さらに議論させます。そして、世間の意見がまとまり始めたところで、その方向に沿った決断を下します。

岸田さんはこのように、メディアにおける議論を通じての政治マーケティングを駆使して難題について決断を下しているので、世間から強烈な反対論が出てくることを防ぎ、当初は支持率も高水準を維持していました。日本を訪れる外国人観光客の受け入れ再開にあたり、まずは受け入れ人数をわずか50人からスタートして、メディアに議論させながら人数を徐々に増やしていくやり方も、岸田さんらしい政治マーケティングでした。

ところが、その後岸田政権は支持率を急落させました。

22年7月の参院選の投開票日直前に凶弾に倒れた安倍元首相の衝撃的な事件をきっかけに日本中で大騒ぎとなった旧統一教会問題、そして安倍さんの葬儀を国葬にした問題によってです。この2点について岸田さんは政治マーケティングを怠りました。

安倍さんを支持する自民党国会議員の声に押されて、岸田さんは早々に国葬を決定。その後、安倍さんと旧統一教会の関係が取り沙汰され、自民党と旧統一教会の関係の問題に発展し、加えて旧統一教会の高額献金問題などが、日本中を騒がせることになりました。当初、自民党は旧統一教会と組織的な関係はないと言い張り、世間の強烈な批判に押されて、後手後手で調査をやり始めましたが、世間は納得しませんでした。

本来、このような難題に関してはしっかりと政治マーケティングをすべきでした。**安倍さんの葬儀を国葬にするかどうかは、党内のみならず、メディアを通じて日本中での議論を促し、さらに旧統一教会問題についてもメディアを通じて世間の反応をしっかりと汲み取り、それに沿った決定、対応をすべきだった。**政治マーケティングを怠ったことによって、ただちに支持率が急落する典型例となってしまいました。

ビッグデータとAIをフル活用する

最近では、「民意を探るためのマーケティングや政策効果を検証するためのマーケティングにおいては、ビッグデータとAIをフル活用すべきで、それをやれば、既存の選挙や政治家は不要になる」という意見まであります。

既存の選挙制度では、若者の民意は政治に反映されない。政治家は自分が当選することばかり考えて、若者のこと、日本のことを考えてくれない。このような思いから、今の選挙制度や政治家に絶望している若者が多いことも事実で、そんななか、政治をAI化して選挙や政治家を駆逐すればいいのではないかという意見が出てくることも理解できます。もちろんこのような意見が出てくることになったのも政治の責任です。

たしかに純粋に民意を探ったり、政策の効果を検証するにはビッグデータとAIの活用は有効でしょう。これからの時代、政党や政治家はそれらをフル活用した政治マーケティングに力を入れなければならないことは事実です。

しかし、どれだけ精緻に民意を探っても、どれだけ科学的に政策効果を検証しても、無限に存在する政策については、必ず優先順位をつけざるを得ません。そしてあと回しにされた人には不満がたまる。この不満をなんとかなだめるのが選挙であり政治家です。

これからの時代は、負担、不利益、不満を国民に配分するのが政治の主な役割となります。**ビッグデータやAIを駆使して科学的・合理的に分析ができたとしても、国民の不満を最後に抑えることができるのは、選挙で選ばれたことに正統性を有する政治家だという**

のが僕の政治観です。

政治に強い不満をもっている国民は、学者やコメンテーター、そしてＡＩの最終決断には従わないというのが僕の持論。「いや、従う」というのが選挙・政治家不要論の人たちの政治観でしょう。

有権者の「将来利益」を重視する

「見えない票」を狙え

自民党と異なる「色」「道」を出すにあたって野党が重視すべきこととは、いったい何でしょうか。**僕は「有権者の現在利益」よりも「有権者の将来利益」を重んじることだと思っています。**

たとえば「子育て世代を大事にする政策」と「高齢者を大事にする政策」を天秤にかけたときに、今まさに高齢者である有権者の票を失うリスクを冒してでも、日本の将来を担う子供たちを育てている人たちを大事にする政策を押し出せるか。子育て世代を支えるために、高齢者には多少の負担を強いることになる政策の必要性を訴えることができるか。

ここで、現在利益を求める高齢者からの激しい批判を受けながらも、将来利益の実現に挑戦する野党であること、またそれに挑戦する姿を有権者に見せられる野党であることが、支持を限りなく拡大できるかどうかの分水嶺です。

現代の多くの有権者は、政治家の美辞麗句に乗せられるほど愚かではありません。いくら「次世代のために」などときれいな言葉を並べてみても、そこに本気で挑戦する心意気や具体的な政策が見て取れなければ、有権者はついてきません。

他方、与党の主な支持層は、現在利益の受け手である業界団体や高齢者、要するに既得権益層です。その点にはあまり賛同できないけれども、野党の挑戦する姿勢がまったく伝わってこないので、消去法的に与党に投票している——そういう若い世代の有権者も多いはずです。

したがって野党は、本気で日本の将来を考え、有権者の将来利益を重視する姿を見せなければなりません。これが、今の野党に欠けている点ではないかと残念に思います。

では、二大政党制を念頭に置いたとき、与野党2つの政党の「色」や各政党が示す日本の「道」の違いを決定づけるものは何でしょうか。端的にいえば支持層の違いです。

当たり前のことですが、政党や議員は選挙で有権者の支持を得られなければ勝てません。ですから野党が自民党に勝つためには、自民党とは違う支持層をつかまなくてはならないのです。自民党は議員が地域を細かく歩き回り、有権者の支持を固めていきますが、その際に、自治会、ＰＴＡなど地域の有力者とのコネクションを最大限活用し、さらにあらゆる企業や業界団体とのコネクションも活用します。

このように、自民党は地域団体、業界団体の組織力に頼っているので、野党はこういう組織力に頼らない政党であるべきです。

この点、野党の立憲民主党や国民民主党は「連合」という労働組合の集合組織を頼りにしていますが、連合は現在、組織率が低下し、組合メンバーは投票先について組合の指示に必ず従う風潮ではないうえ、正規雇用者を中心に組織化されたものなので、労働者の約４割を占める非正規雇用者はほぼ加入していない。こんな状況では、野党は、労働組合という組織の力に完全に依存すべきではありません。

労働組合を排除する必要はありませんが、その代弁者のイメージを強く出してしまえば、組合に入っていない人たちの支持を強力に引きつけることができなくなります。今の立憲民主党、国民民主党の弱点です。

両党は連合とのつき合いが古いので、これまでと同じようなつき合い方をしているのでしょうが、それでは、組合員よりも圧倒的に数が多い、組合に入っていない無党派の人たちの支持を失うリスクがあることに気づいていない。組合の意見をきちんと聞き、政策で一致するところは協力すればいいのですが、それ以上に組合から指示を受けているような印象を世間に発するべきではありません。

自民党が組織を中心とした層に支えられているのであれば、野党は非正規雇用者も含めた労働者全体や、個人事業主・フリーランスなど、特定の組織・団体に属していない有権者をメインの支持層にすべきです。そうすると、自民党ほどには業界団体・地域団体などの組織力を使えないので票を集めるのは大変ですが、これからの時代はインターネットを駆使して組織・団体力を上回る力で人のつながりをつくっていける時代です。

自民党が従来通り団体の組織力を活用するなら、野党は団体の組織力に頼らず、地道な地元活動に加えてネットやデジタルなどの新しい方法で票を獲得していくことを模索すべきなのです。

小池百合子知事はなぜ強いのか

これまで述べてきたように政党や政治家がつくり出す政策・制度は、保守やリベラルなどの抽象的なイデオロギーにはほとんど左右されず、現実的には支持層に左右されています。政党が政権を取り、政治家が政治家であり続けられるのは、選挙に勝つことが絶対条件であり、選挙に勝つためには支持層から支持を取りつけるしかありませんから。

政党や政治家が、自分の政治的信条にこだわり続けることで政策が生まれているわけではありません。自民党は票田として頼りにしている業界団体から圧力を受けることによって、業界を守る規制・税制をつくることになります。どうしてもそこから抜けきれません。たとえば、たばこ規制（禁煙ルール）も結局は、たばこ業界や飲食店業界からの圧力で厳しい規制（禁煙ルール）に乗り出せません。

ところが、そのような業界団体の力に頼らず、その代わりにそこからの圧力も気にしなくてもいい小池百合子都知事は、東京都で厳しいたばこ規制条例を制定することができました。これが支持層の違いによる政策の違いです。

特定の業界団体・組織に目配りする政党か、それとも特定の業界団体・組織に配慮せず、一般の有権者や将来世代を意識する政党か。自民党に対峙する野党になるためには後者であるべきで、特定団体・組織からの圧力に負けない政策・税制をガンガン展開していくことを自民党との決定的な違いにするべきなのです。そうすることで自民党も負けじと努力する。このように与野党が切磋琢磨することで日本を前進させることが、本来の二大政党制の狙いです。

歴代の自民党政権もＴＰＰ（環太平洋パートナーシップ）の締結や農業改革では業界団体とせめぎ合いをやりましたが、それでも農協票を頼りにしている以上、農協が徹底的に反対するような突き抜けた改革は困難です。**そうした既得権益層に配慮しない政策や姿勢を野党が打ち出すことが、自民党との違いを明確に示すことになります。**

そうすれば、既得権益層の「見える票」は取れなくても、既得権益層ではない人たちの世間に眠っている「見えない票」を取ることはできます。しかも、世論調査の結果からすれば、有権者の大半を占めるのは既得権益層ではない人たち、無党派層の人たちです。既得権益層は政治活動を必死に行い、何しろ見えやすいので世間において圧倒的多数と錯覚しがちですが、実際はそうではありません。

ですから今の野党には、**既得権益のない人たちのための政策を打ち出せば、必ずや、その人たちがついてきてくれると信じて、自民党の支持層とは別の人たちの支持を集めることに本気で取り組むことが必要です。**それで国民の大多数に支持されなければ、もうしょうがない。潔く野党政治家を辞めるのみ。このように覚悟を決めた人の言葉には、自ずと魂が宿ります。語れば語るほど迫力を帯び、有権者の心に響き、確実な支持につながるというわけです。

医療報酬にメスを入れる

現政権の問題点や至らぬ点を追及して政権交代をめざすというのは、野党政治家ならば誰もが考えていることでしょう。しかし、野党政治家の仕事はそれだけではありません。

たとえば、日本という国は現役世代に割かれる税金の割合が先進国中、最下位レベルです。**そこで現役世代の可処分所得を増やすべく現役世代に大量に税金を投入し、税配分の適正化をはかる。**また資産のある人の社会保険料の負担を増やす、年金給付額を減らす（資産額によってはゼロにする）。長寿社会となって元気な高齢者が増えたことから、年金支給開始年齢を引き上げる。

さらには、近年、増大しつづけている医療費の仕組みにもメスを入れ、保険のメカニズムを導入する。若く病気にかからず、保険をあまり使わない人の保険料は下げ、1年間まったく保険を使わなかった場合には金一封を出す。今、政権与党は、強力に票を集めることのできる日本医師会に配慮し、開業医の診療報酬を高くしていますが、それを難易度の高い医療行為に対して多くの額を出し、簡易な医療行為に対しては額を下げるようにしていく。

このように、数十年後の日本が国民にとってより一層暮らしやすい国であるよう、今からいろいろな布石を打っていくというのも、野党が果たすべき役割なのです。自分が政治家でいる間の政権交代をめざすだけでは、あまりにも目先の利益にとらわれた政治姿勢です。

もちろん、今挙げたような提案をしたら激しい反発に遭うでしょう。しかしそれらにもめげずに信念のこもった主張を続ける政治家の姿に、有権者は、強い共感を覚えるのです。

こんなふうに、野党政治家が熱意と覚悟と迫力をもって、自民党が指し示す道とは違う新しい道、日本が本当に歩むべき道を確信的に示せたとき、初めて、既得権益層ではない多くの有権者から強固な支持を得ることができるのです。

有権者に熱量を伝える

「そこまでやるか」と思われるまでやり抜く

政策を語るだけではなく、実行している姿勢を有権者に見せる。それなくして強い野党にはなれません。しかし少数の野党が国政で実行力を示すのは、至難の業です。ならば、自分たちが「与党」となれる舞台で着々と政策を実現していくしかありません。その舞台は地方の首長です。

首長選で勝てば、行政権を獲得できるので、自分たちの政策を実行できる。国政では野党でも、地方において与党になればいいのです。

地方において存分に自分たちの政策を実行することで、まずはその自治体の住民に自分たちの政治・政策を実感してもらい、ひいては日本国民全体に「この政党の政策が実行されると、社会がどう変わるのか」を確認してもらう。これが野党の支持を拡大し、国政政党として実力を発揮していく足がかりとなります。

また、自分たちの存在感を有権者に訴えるチャンスは、国や地方における政策実行の場だけではありません。大規模災害に見舞われた地域への寄付に議員報酬の一部をあてる。政党交付金や政治資金の使い方に細かなルールを設け、いっそ「ケチ」といわれるまでに使途を最小限に抑える。使い道の全面公開は当然のこととし、余ったものは返金するといった、民間ではごく当たり前のことを実行する。税による政党交付金を受けるのだから、企業団体献金を禁止する。これらのことを法改正を待たずに党のルールとして実行すれば、有権者に強くアピールできます。自民党にはできないことを、野党がどんどんやっていく。そして有権者が自民党のおかしさに怒りを燃やし始めれば、自民党も重い腰を上げるでしょう。もしそうならなければ、政権交代の風が吹きます。

このように野党は、国会において与党と丁々発止の論戦を繰り広げる以外にも、根っからの公僕として国民のために働くという熱意と行動力を示し、与党を追い込むチャンスはいくらでもあるのです。

ところが、野党議員たちはNHKでテレビ中継される国会での議論を最重要視します。国会内で与党幹部や他の野党幹部と協議し、それがメディアに報じられることで満足します。夜は永田町界隈において政治家同士で飲み食いし、週末は自分が当選するために地元選挙区でのイベントや会合に顔を出す毎日です。

そのようなことも必要なのでしょうが、それに加えて、有権者に野党の熱量が伝わる地道な活動を積み重ねることがもっと重要なのです。しつこいまでに繰り返す。そしてそこまでやってようやく、ほんの少しだけ野党の熱意が伝わればいいほうです。現実はそういうものなのです。

「自分としては頑張ったつもりです」というのは自己満足にすぎず、その程度の努力は世間に伝わらない。「こんなこともするのか！」「そこまでやるのか！」と思われるくらいの膨大な努力をして、ようやく少しだけ認められる。これは、これまで僕がテレビの仕事で数多（あまた）のタレントさんを見てきて痛感したことでもあります。

今、野党が弱いのは、有権者が口先だけの政党と感じているからでしょう。実行力を示すには、地味で細かなことの積み重ねが非常に重要です。ど派手なことも必要ではありますが、有権者の意識からすぐに消えてなくなってしまいます。しかし、**地味で小さなことの積み重ねは、直接メディアで報じられるか否かにかかわらず、その姿勢が少しずつ有権者の意識に刷り込まれて残るものです。**

「1」を伝えるために「1万」を発信する

「言葉の力」が政治家に欠かせない資質であることは間違いありません。与党議員も野党議員も同じですが、とりわけこの資質が必要なのは、自分から積極的にアピールしなくては注目されにくい野党議員のほうでしょう。

いくら思いが強くても、あるいは正当な考え方をしていても、言葉で伝えることができなければ存在しないも同然です。そして、資質といっても「言葉の力」は訓練して磨くことができる。もし「真意が伝わらない」「メディアに取り上げられない」と思っている野党議員がいるのなら、それは言葉の力を磨き、届ける努力を怠っているということです。

先ほどから繰り返し述べているように、何かを伝えるには、己の行動で、そして言葉で、しつこくアピールし続けるしかありません。1つ強いメッセージを発信して、それが偶然にも取り上げられたら満足、取り上げられなかったら不満を抱く、そんな生易しい意識では、有権者は関心を向けてくれないでしょう。

これは僕自身の体験から実感していることでもあります。僕は政治家のなかでも、際立って頻繁に街頭演説や記者会見を行ってきたほうだと思う。毎朝の登庁時と毎晩の退庁時の記者会見に加えて、週に一度は定例の記者会見を開き、そのたびに1時間も2時間も使って記者の質問が尽きるまで答えていました。だけど、ほとんどの発言はメディアでは取り上げられない。取り上げられても、せいぜい数十秒程度がいいところでした。

それでもほかの政治家に比べれば取り上げられることが多かったので、よく「橋下さんは発信力が強くてすごいですね」などと言われましたが、それは違います。メディアで取り上げられて初めて発信したことになるという意味では、発信というのは能動的なものではなく、きわめて受動的なものです。僕自身の力によるものではありません。ではなぜ、僕の発言は比較的メディアに取り上げられることが多かったのか。それは僕に発信力という特別な力が備わっていたからではなく、しつこく粘り強く、できる限り頻繁に言葉を発し続けたからだと思います。

いってみれば、**「1」を伝えるために「1万」を発信する。これくらいの感覚で、いくら有権者に無視されつづけても、いくらメディアに取り上げられなくても、地道に粘り強く、図太く発信を続ける。**「言葉の力を磨く」うえでは、結局こうした「粘り強さ」「しつこさ」がものをいうのです。

「100」言って「1」も伝わらない……などと勝手に失望して投げやりになる、そんな姿勢では、とうてい強い野党をつくることはできません。

さらにいえば、今の時代、ＳＮＳを利用するのも効果的です。僕も知事時代から取り入れていましたが、今は日進月歩でより高度な工夫ができるようになりました。場合によっては大手メディアに対抗できるほどの力をもっています。

旧態依然に見える自民党も、河野太郎さんが広報部長になって以降いろいろな取り組みをしていますし、国民民主党の玉木さんも自身で発信しています。役所的な説明口調で発しても誰も聞いてくれませんが、河野さんのツイッターのようにフォロワーの興味を引くやり取りを取り入れれば、聴衆は集まります。

政治家も有権者も、つまるところは同じ「人間」という生き物です。そして人間をもっとも強力に動機づけるものは「心」「感情」にほかなりません。損得勘定によって動く場合もないわけではありませんが、それにしても、相手の本気度が強く心に響かなくては、真の意味で人は動かないでしょう。

政治家に必要なのは、まず現実社会の課題を解決する具体的かつ現実的な政策を編みだすこと。これは絶対に間違いありません。しかし問題は、それを有権者の心に響かせることができるかどうか。そこが成されないままでは、いくら優れた政策論議も机上の空論で終わってしまいます。

では、どのようにすれば、自分の伝えたいことを有権者の心に響かせることができるでしょうか。そこでものをいうのが「ストーリー性」です。**僕も政治家時代には、しつこく図太く、できる限り頻繁に言葉を発するのと同じくらい、自分の話にストーリー性をもたせることを意識していました。**

「不言実行」「自分は、不器用ですから」とばかりに寡黙なスタイルを貫くのは、昭和の銀幕スターならかっこいいのですが、政治家がそれではいけません。あるいは言葉を発していても、役人的な説明に終始するのはダメです。ストーリー性に欠けるために退屈で、人の心に響きません。

自分の話を、有権者の共感を呼ぶストーリーに乗せて話す。政治家というのは、杓子定規(しゃくしじょうぎ)な物言いをするだけでも、質実剛健なだけでも務まらず、「優れた語り手」であることも重要だ、というのが僕の持論です。グレート・スピーカーというやつですね。

そしてそのストーリーとは、単に理論・理屈だけで構成されるものではなく、日々の地道な行動の積み重ねも重要な要素になります。口だけでかっこいいストーリーを述べてもダメだよ、行動が伴っていないとダメだよ、ということです。

「正しい炎上」の仕掛け方

SNSは、すでに政治家にとって重要な発信ツールになっています。今後は、自分の意見を自由に発信する個人メディアとしてSNSを活用しない政治家の存在感は、どんどん薄れていくばかりでしょう。

ひと昔前まで、政治家が広くメッセージを発信するツールは新聞やテレビといったマスメディアだけでした。その場合、発信できるかどうかの決定権は、マスメディア側にありました。それが今では、SNSのアカウントさえつくれば、誰でも無制限に発信できる。本当に便利な時代になったものです。

僕は、大阪維新の会の議員に勧められてツイッターでの発信を始めました。当初の目的は、不当な切り取りや誤解によって、僕の真意とは異なる内容を伝えているメディアに反論すること。しかし実際に使い始めてみると、これは政治家にとって大きな武器になる、と感じるようになりました。

他者によって任意に切り取られることなく、有権者にダイレクトにメッセージを届けることができる。誤った報道に即座に反論して、僕の真意を伝え直すことができる。ツイッターの場で、メディアやコメンテーターたちと大激論を展開していたら、気づけばフォロワーは、政治家時代のうちに100万人を超え、今では約270万人にも上ります。

ただし、SNSは諸刃の剣でもあります。ひとつ使い方を誤れば、大炎上の末に世間的評価が地に堕ちるといった事態にもなりかねません。

炎上そのものが悪いのではなく、問題は炎上の仕方、させ方です。そもそもフォロワーが増えてくれなければ、いくら発信してもそれが届く範囲は非常に限られてしまいます。かといって、もともと一挙手一投足が話題になる大物でもない限り、1人の政治家が普通に発信しているだけでは、フォロワーは一向に増えないでしょう。

そこで、**あえて炎上させて注目を浴びる。僕は、炎上はフォロワーを増やす一手法になり得ると考えています。**

では、そんな「あえての炎上」を起こすには、どうすればいいか。そして越えてはいけないのはどのラインか。ここの見極めができなければ、社会的に退場させられます。

まず、いうまでもありませんが、差別発言は論外です。また政治家の活動基盤は税金ですから、納税者である一般人を攻撃する発信も絶対にいけません。ただし学者や有識者、メディア人など、メディアを通じて世間に対して影響力を及ぼす人たちが人格攻撃を仕掛けてきたときは、徹底的に攻撃し返すというのが僕のスタイルです。

次に、どんな意見を発信するかですが、最初から多くの人々に賛同されやすいとわかっている意見では「そりゃそうだよね」で終わってしまいます。つまり、賛否両論噴出するのが「いい炎上」。ただし賛否の「否」が圧倒的多数で終わったら失敗です。

「一見、世間からは非難されるべき意見に見えるけれども、よくよく考えてみたら言っていることはそれなりに正しいのではないか」「多くの人が思っているのに明言を躊躇(ちゅうちょ)するところを、ズバリ言ってくれた」――**最初は勢いよく燃え上がりながらも、こんなふうに受け止められ、じわじわと共感と賛同が広がっていけば成功です。**

そのためには、つねにニュースなどにアンテナを張り、賛否両論がありそうなテーマについては誰よりも先に自分の考えを「はっきり言う」ことが重要です。それも独りよがりの意見を言って悦に入るのではなく、あえて炎上を起こす心意気で、どんな意見、どんな言い方ならば多くの人の耳目を集め、最終的にはそれなりの共感を得られるのかを意識する。こうしたセンスを磨くことが政治家には必要です。人間は昔から変わらず、ケンカを好みます。野次馬根性、傍目八目(おかめはちもく)で、対立が生じていると感じるが早いか「どちらが勝つかな」と見に行きたくなるものなのです。議論が激しく対立するようなツイッターの使い方を心がけるべきです。ただし差別的発言は問題外ですし、単なる罵倒だけで終始してはいけません。

「万年野党」のイメージを刷新する

議論のやり方を一新する

議院内閣制をとる日本の国政において、行政は与党が担うものですから、野党議員には行政権がありません。つまり、国内で実施されるさまざまな政策、あるいは外交に本質的にはタッチできない。また、国会議員は皆立法府である国会の一員ですが、多数決を制することができない野党議員には、事実上、法律を制定する力がありません。この自らの「実行力」の弱さを、まず野党議員は自覚する必要があります。

なぜなら、その自覚があれば、自分たちの存在感や存在意義をアピールすべき場は国会でのポジション争いではないと気づくはずだからです。野党議員は与党議員と協議している自分たちの姿が、自分たちの存在感を高めるものだと思い込んでいます。議員生活が長くなり、永田町の価値観にどっぷり浸かれば浸かるほどその思い込みは強固になっていきます。永田町に生息している政治記者たちも、与党と駆け引きしている野党の態度振る舞いに対して、「政治をやっている！」と持ち上げます。

しかし、そもそも野党には国を動かす力がありません。どれだけ与党と協議をしたとしても、そのことによって国が動くなどということはほとんどありません。そのことを野党がしっかりと自覚することができれば、真にアピールすべき相手は有権者であることに気づき、そのためにどのような手段を選ぶべきか知恵を絞るはずです。

すなわち国会では、与党案の問題やスキャンダルを追及したり、与党と協議して政治をやっている雰囲気を出したりするだけでなく、自分たちの考える日本の進むべき道を訴える。それが伝わるような行動を心がける。論戦の舞台は国会であっても、実際には有権者に向けて語っていることを意識しなくてはいけません。それらのほとんどが聞き入れられないとわかっていても、しつこく与党案に対案を示すべきなのも、それが有権者に向けたメッセージになるからなのです。そして有権者に対して、もっとも効果的に野党のめざす政治とはどのようなものかを伝える方法は、地方の首長を獲得し、行政権を駆使して自分たちの政策を実行することなのです。選挙によって首長を獲得する労を惜しんで、永田町で与党と協議する「政治っぽいこと」をやり続けても、政権交代を果たせるほどには有権者の支持を得られないでしょう。

それともう1つは、国会での議論のやり方を野党主導で改革すること。これも必ず有権者が支持してくれるはずです。

現在国会の議論は、基本的に野党が政府に質問して、政府が答えるというパターンです。だから政府を支える官僚たちは、きちんとした答えができるように事前に準備しますが、現在はやりすぎの状況です。

野党は、官僚が準備するためにも、事前に質問内容を官僚側にきちんと知らせる必要があります。これを「事前通告制度」といいますが、現在はうまく機能していません。通告締切日が守られることはほとんどなく、質問日前日の夜遅くに来た通告をもとに官僚たちは夜を徹して、首相や大臣がどんな質問にも答えられるように、膨大な量の答えを用意しています。質問を予測しながら答えをつくるので、これを想定問答といいますが、当日、予測した質問が出ないことがほとんどで、大量に準備した想定問答はほとんど無駄になっているのです。

したがって事前通告の締切りは厳格に行うべきです。確認的な質問なら何を確認したいのか、政策論争であれば何について論争したいのかを明確にし、さらに官僚に残業させないということなら、質問日の前々日17時までを事前通告の締切りとする。そして官僚たちは質問日の前日終業時間までに準備する。これが今の働き方に沿うやり方だと思います。

ただ、野党側も前々日までに質問内容を固めなければならないとなると、準備ができないと主張する議員も多いでしょう。議論の状況は刻一刻と変わっていくので、2日前に質問をすべて確定することは不可能だという言い分もわかります。ならば、そこにも適切なルールを設ければいい。答弁の前日、あるいは当日に事前通告なしに出された質問への回答は後日でいいと決める、それだけのことです。

官僚たちは、質問日当日に完璧な答えをしなければならないという固定観念から、徹夜をしてでも答えを準備しますが、後日でもいいという発想に切り替えれば、官僚たちの働き方は抜本的に改善されるでしょう。

僕は大阪府知事、大阪市長時代、そのような答弁ルールを自ら設けていました。官僚たちに夜を徹した作業はさせませんでした。「事前通告の締切りが守られず、官僚たちが準備できていない質問に関しては質問日に答えられないことがあるが、その場合は後日お答えする」ということにしていました。トップがそう決めれば解決する話です。

また、それとは別に、**今のデジタル時代においては、僕は質問日当日に国会のその場で調べることのできるシステムを構築すべきだと思っています。**

国会中継で、政府側の官僚が膨大な紙資料を抱えて首相や大臣の答弁を補佐しているのを見るたび、いったい、いつの時代の光景かと思ってしまいます。

何も難しいことはありません。ノートパソコンかタブレットを持参して国会議事堂のWi-Fiに接続し、事前準備ができていない質問が出されたときなど、必要に応じてネットで調べる。「それについては、今調べますので、少しお待ちを」というのが許されるようにすれば済む話です。

そのたびに答弁がストップするのはけしからん、という批判もあるでしょう。しかし、これだけ社会の至るところでデジタル化が進んでいるのに、国会だけはいつまでも紙資料頼み、というのはどうなのでしょうか。「事前準備できていないものは、その場でネットで調べればいい」という選択肢をつくっておくことで、国会当日の答弁のために官僚たちが徹夜で調べものをし、紙資料を作成し……という膨大な業務が削減されるのなら、そのほうがはるかにいいと僕は思います。

それに、ふいに細かい数字やデータを尋ねて首相、大臣、官僚を困らせ、「こんな重要なことがうろ覚えなのか」と責めるという野党の常套手段がありますが、これこそ、その場のネット検索で調べがつくものです。「その場のネット検索」をよしとすれば、与党を罠にかけるだけの質問が排除され、有益な議論に集中できるという効果も期待できる。

くだらない質問で与党を罠にかけている野党のほうだって、いざ自分たちが政権を担ったときには、こうした新しいルールがあってよかったと思うでしょう。だからこそ、野党側から積極的に国会改革を主導していくべきなのです。

政権与党に「反問権」をもたせる

今の国会運営の慣習・ルールでは、政府が野党に質問したり、野党を批判したりすることは原則的にはできません。政府はとにかく野党から質問を受けて、それに答えるだけ。だからつまらない、迫力を欠く議論となっているのです。

イギリスでは、与野党の国会議員がお互いに向き合って、党首同士が激しく議論します。日本でも党首討論というものがつくられましたが、実際はほとんど行われていません。日本の政治議論に対して誰もが関心をもつようにならないのは、およそ議論とはいえないものになっているからです。日本では、権力をもっている政府に対して議員が質問をし、政府が答弁をするという「質問の場」になっている。これは明治の帝国議会からの慣習です。

しかし、**国会という場を、本当に政策を真剣に議論する場とするならば、政府が野党に質問できる「反問権」も認められるべきです。**反論ではなく反問です。反論は、「言われたことに反論する」という受動的な行為ですが、反問は「言われていないことについて、こちらから問う」という能動的な行為です。この権利を政府に認めることで、「政府を追及し、言いっ放しの野党に対して、答えるだけの政府」という構図が崩れます。

政府側から「野党のあなた方はそのように私たちを責めるが、では、この点について、野党はどう考えているのか」と問うことができるようになる。そうなれば、野党は、無責任に政府与党全否定を繰り返すだけではいられなくなります。一方的にではなく、政府与野党がお互いに考え方やロジックを問い合うことで、はるかに活発な政策論争が繰り広げられるようになるでしょう。政策論争とは、本来、こうあるべきなのです。

政府与党に対して無責任な主張や批判を繰り返すばかりでは、野党議員は政治家としての力をつけることができません。立憲民主党の辻元清美さんや蓮舫さんは、追及する側に立つとめっぽう威勢がいいのですが、追及される側に立つとしどろもどろになってしまった。追及される訓練を受けていないからです。

政権与党同様に野党も、国会において追及や批判や質問を受けるというシステムにしなければ、国会は国民が関心をもつような議論の場にならないし、野党が政策実行力をつけることは永遠にできないでしょう。厳しい追及を受けたり、問題点を指摘してもらったりしてこそ、自らの考えの欠陥を認識し、その対策を講じることによって、政策実行力を身につけることができるのです。それがなければ、単なる理想・夢物語の主張で終わってしまいます。

実は大阪府知事、大阪市長時代に、僕はずっと反問権を議会に求めていました。しかし、それが聞き入れられることはありませんでした。僕をさんざん批判、否定してきた野党議員に問い返そうとしても、瞬時に遮られて議会は終了。そんなことの繰り返しでした。一方的に問われ、責められるばかりで、こちらから問う権利を一切認めてもらえないもどかしさは、僕自身、痛いほど味わってきた。それだけに、国会で政府与党が反問できない様を見るたび、忸怩(じくじ)たる思いがします。

政権与党への反問権の付与は、国会論戦を活発化させ、野党の無責任体質を排し、日本という国を真の意味で成熟した民主国家としていくために必要な改革です。

とはいえ、野党が政府の反問権を認めたくないという気持ちもわからないではありません。政権与党には強い官僚組織が味方についていて、もし彼ら彼女らが憲法や法律、あるいは既存の複雑な制度に関する知識を駆使して反問してきたらとてもかなわないからです。

ですから、官僚の使い方をルール化すべきです。野党が政権与党にしっかりと質問をし、政権与党の反問にきちんと答えられるように、野党側にも官僚組織を一定の範囲で使うことを認めるか、国会側に官僚組織を整えるか、するのです。現在も国会の事務局には調査組織がありますが、個々の職員は優秀でも政府組織には規模の面でまったく歯が立ちません。

ここは、現在の自民党が野党に下ったときのことを考え、自民党にもこの改革に同意してもらいたい。野党が現在の自民党に有利になる改革に同意し、自民党が野党に有利になる改革に同意する。これこそ、与野党が入れ替わることを前提とした政権交代可能な二大政党制の意義です。万年与党、万年野党なら、相手が有利になるような改革を進める気にはならないでしょう。だからこそ、野党が強くなって二大政党制にならなければ、日本は前進しないのです。

第3章

野党の組織を強くする

政党の実力は「まとめる力・まとまる力」

仲間は「真の実力者」のもとに集う

前章の「政治マーケティング」に基づく考え方などから、自民党に対抗する野党がめざすべき方向性はわかってもらえたと思います。しかし、それだけではもちろん足りません。

なぜ日本の野党は弱いままなのか。その答えは組織としての弱さにあります。

政治家は政策を語りますが、どんなに立派な政策を語ったとしても「組織の力」がなければ、政策は実行できず、単なる机上の空論で終わります。つまり、政党は政策を実行するだけの組織力をもつ必要があります。

政治家時代、僕が大阪都構想を提唱したのも、大阪をよりよくするための政策を実行するには、しっかりとした役所の組織づくりが必要だと思ったからです。大阪府庁と大阪市役所の統合・再編です。このような僕の考えに対して、「制度を変えても何も変わらない」という意見もありましたが、僕は大阪全体をよくする政策は、大阪府庁と大阪市役所の2

つの役所組織に別れたままでは実行できないと考えました。

これは地方自治体の役所組織だけではなく、政党という組織も同じです。政治家それぞれが政策やビジョンを語ることも大切ですが、それを実行に移せるだけの政党の組織力が大事なのです。

組織力を強くする第一歩は、まずは自らの組織内にある異なる意見を1つにまとめることです。現在はバラバラに存在する野党が最終的には1つにまとまるために、まずは個別の野党が1つにまとまることが重要。**野党が自民党に選挙で勝利し、政権を奪取して自らの政策を強力に実行するために、この「まとめる力・まとまる力」が必要不可欠です。**

自民党は、長い時間をかけ、数多くの経験を積み重ねながら「まとめる力・まとまる力」を蓄えてきました。だからこそ、たとえ党内の意見に大きな開きがあるときであっても、対立する意見をまとめ、党の統一した意見としてしまうだけの知恵をもっています。どれだけ党内に激しい対立があったとしても、「決まったことには最後は従う」という不文律があり、決める過程において各メンバーのメンツを保つ知恵と工夫がある。

ありとあらゆる人間関係を使って調整し、反対意見も尊重し、最終的には人間関係力をもった人間が組織をまとめる。それにとくに長けているのが自民党なのです。

自民党の意思決定のメカニズム

現在、どの野党も十分にもてないでいる自民党の「まとめる力・まとまる力」のメカニズムは大変面白いものがあります。民間企業や役所には見られない特徴です。というのも、多くの組織では、役職の上下関係は組織のルールで明確に規定されており、上意下達が円滑なのですが、政党という組織は、メンバーに加わるためには選挙で当選しなければならず、メンバー間の入れ替わりが激しいので、役職の固定が難しく、規律正しい上下関係、上意下達が成立しにくい。

このように政党とは、組織上のルールによる上意下達によってまとめることはできず、結局は、メンバー間の個人的な人間関係によってまとめるしかありません。一般的にはこのまとめる力を政治力とも言い、政治力ある人物が力をもつのです。たとえ大臣という役職に就いたとしても、政治力がなければ党内の異論を抑え込むことができず、ことが進みません。それが政治、政党の世界の現実です。

つまり、政党が1つにまとまるには、この人間関係というあいまいで定義しがたいものをうまく使いこなせる政治力のある人物の存在が必要不可欠なのです。「この人が言うのであれば、聞かざるを得ない」とか、「この人に従っていれば間違いはないだろう」という存在です。

人間関係力に優れた政治家には調整力があります。じっくりと異なる意見を聞いて段階を踏んでまとめていく。意見の対立が起きたときには早急に結論を出さず時間を割く。そして最終的には、「あなたにすべて任せます」という一任を取りつけ、自身の権限において、たとえ異論を押し切ってでも決定していくのです。

人間関係力が不十分な政治家は、これができません。対立意見をまとめる調整力がないまま、自分の役職権限を使って決定・実行しようと思って組織内で反感を買い、最終的に政党崩壊につながる危険性が生じることもあります。

かつて民主党が崩壊したのも、政党のもつ特殊な意思決定力である、「まとめる力・まとまる力」が不足していたからでしょう。

その力を得るための人間関係力を養うことが政治家の重要な課題です。それが目的で、政治家は日夜、さまざまな人とのつき合いを重ねているわけです。僕が政治家に向いていないと思う理由は、まさにここにあります。人間関係力を蓄える素養をまったく持ち合わせていないからです。

民主党はなぜ分裂したのか

民主党は、政権与党だった2012年、消費税増税に賛成か反対かで党内がもめたとき、意見をまとめることができずに分裂しました。

このとき、増税に反対したのは、小沢一郎さんや鳩山由紀夫さんのグループなどで、増税に反対する議員が多かったのです。彼ら彼女らの主張は「民主党のマニフェストに反する」というものでした。

このとき民主党は2日間にわたって合同会議を行いましたが、党内はまとまらず、政調会長だった前原誠司さんが一任取りつけをして、強引に増税を決定してしまいました。当然怒号の嵐が起こり、賛成派と反対派の間でもみあいが始まりました。

その結果、小沢グループの50人が離党し、民主党は政権を失うことになったのです。このとき、前原さんが多数決を採用していれば、少なくとも離党騒ぎは起こらなかったでしょう。多数決で負けたから党を去るなどということは、政治家として何よりも恥ずべきことだからです。

前原さんには、「多数決では増税派が負ける」という判断があったのでしょう。もちろん、間違った意見が多数派を占める場合もあります。前原さんもそのように言っていました。しかし、まとめる力をもたない政党、人間関係力をもった人間がいない政党の場合、最後は多数決で決めるしかありません。

もし、前原さんに増税は絶対にやらねばならない、という信念があるならば、じっくりと議論を重ね、反対派を説得し、増税賛成派を増やす努力をしなければならなかったのです。

にもかかわらず、政調会長という役職を振りかざして、一任取りつけを行ったことは最悪の方法でした。一任取りつけができるのは、その人物が役職をもっているからではなく、人間関係力をもっているからなのです。

ですから、現在の野党の再生策を考える場合においても、もっとも大事なことは政治家の人間関係力の構築です。

同じ政治家でも知事や市長の場合は、役所組織において強力な人事権をもっているので、僕のようなタイプの人間でもリーダー役を務めることができました。義理と人情に代表される人間関係を構築しなくても、最後はルールに基づいた人事権の行使によって組織をまとめることができます。これが政治家組織になるとそうはいきません。基本的には皆が上下のない同列のメンバーで、「自分が一番」と思っている人々の集まりだからです。

リーダーシップを発揮するには、仕事ができる人間であることが大前提ですが、それに加えて、ウェットな人間関係も重要になってきます。この人に言われたら、少々理屈が合わなくてもついていこうと思わせるだけの人間関係力が必要なのです。仕事に集中することと、人間関係を築くこと。1人で両方兼ね備えるのが難しければ、分担してもいい。

その点、安倍晋三元総理はもともとマネジメント・リーダーシップに長けているうえに、周りに菅さん、麻生さん、二階さんのように官僚グループや政治家グループをまとめられる人々がいました。ですから、安倍さんは外交、安全保障の仕事に専念して、国際社会において日本という国家の存在を際立たせる仕事ができたのでしょう。官僚組織や党内をまとめる役割は、菅さん、麻生さん、二階さんたちに任せました。

一方、立憲民主党はどうでしょうか。泉健太さんはリーダーですから、党の看板役として看板政策を国民にしっかりと伝える役割があります。では、政治家グループをまとめる役割を誰が担うか、それがきわめて重要な課題です。それだけの人間関係力をもっている人が今、立憲民主党にいるのか。泉さんのそばに党をまとめられる人材がいなければ、泉さんが両方の役を担わなければならず、党の看板としての仕事に専念できません。それでは政党としての推進力は生まれないでしょう。

同じことは他の野党にもいえるわけで、維新も国民民主党も残念ながら、人間関係力で組織をまとめる人物の顔が見えてきません。日本維新の会の新代表に就任した馬場伸幸さんは、国会議員をまとめる力には抜群に長けていますが、大阪維新の会も含めた組織全体の方向性を示す目標の提示力は弱い。国民民主党の玉木雄一郎さんも、看板役と人をまとめる役の両方を担っているので、ずいぶんしんどいのではないでしょうか。

全会一致前の「トイレ休憩」

安倍政権下の自民党は、アメリカが離脱するなか、TPP協定を締結しました。しかし、これに関しては、党のなかでも賛成派と反対派が拮抗（きっこう）しており、どちらかといえば賛成派が劣勢だったように記憶しています。

なぜならば、自民党には、TPPに強固に反対している農協の支持を受けている議員が多かったからです。彼ら彼女らは「農林族」と呼ばれていました。ですから、このままでは、とても締結には至らないだろうというのが大方の見方でした。

実は、自民党が政権に復帰した12年、安倍さんが野党として臨んだ総選挙においても、

ＴＰＰについての公約は明確に示されませんでした。自民党は「聖域なき関税撤廃ならば反対、聖域なき関税撤廃が前提でなければ賛成」と、あいまいな言い方で選挙を勝ち抜き、政権を奪取したのです。

そして政権奪取後、なんと、農林族の代表的存在であるＴＰＰ反対派の急先鋒、西川公也さんを党のＴＰＰ対策委員会の委員長として指名。西川さんが最終目標としている農林水産大臣の椅子が約束されていたという話も囁かれていました。

こうして、ＴＰＰの締結の責任者となった西川さんはＴＰＰ反対の主張を撤回せざるを得なくなりました。農林族の重鎮である西川さんがまとめ役に就任したことで、反対派の議員たちも反対しにくくなります。僕は、このようなやり方に自民党のすごさを感じたものです。

しかも、賛成の決定に至る過程のなかで、自民党は反対派議員の顔をつぶさないための見事な仕掛けをしています。農協からの支援を受けている反対派の彼ら彼女らは、ＴＰＰに反対する姿勢を示さなければなりません。ですから、彼ら彼女らは農協主催のＴＰＰ反対集会に出席すると、拳を振り上げて反対の意思を表明します。

農協関係者は、彼ら彼女らの姿に拍手喝采し、さらに応援の意を強くします。最終的には、賛成の決定がなされＴＰＰが締結されてしまいましたが、反対してくれた議員たちに対する農協の評価が変わることはありませんでした。

反対派議員たちも、ＴＰＰ締結に至ったすべての責任を西川さんに押しつけることで、自らの責任をあいまいにすることができました。そして西川さんは、ここで悪役に回ったことで、最終的に強く望んでいた農林水産大臣の椅子を手に入れました。自民党の底力はこうしたところで発揮されるのです。

同じく自民党の底力を感じさせるもう1つのエピソードがあります。反対派の顔を立てるための手法を伺い知れるエピソードです。自民党では、政府から出された法案に対して反対する議員が存在しているとしても、最後は全会一致というかたちにするように全力で努める。あの手この手を使って「まとめる」のです。

もちろん支援者との関係上、あるいは自分の信念によって、どうしても賛成には回れないという議員も当然います。そういうときに、いったいどうするか。賛成の決定を出す直前に「トイレ休憩」を入れるのです。メンバー間の阿吽（あうん）の呼吸でこのサインが出ます。サインを合図に、反対派議員は会議の場から静かに退出します。そうしている間に、決を取って全会一致で賛成に決めたかたちにしてしまう。

退出した議員が席に戻ってみれば、すでに全会一致で賛成に決まっています。彼ら彼女らは自分の支持者に対して、**「自分がちょっと席を外している間に決めやがった。奴らは卑怯（ひきょう）だ。許せない」と怒ってみせることで、言い訳が立つ**というわけです。

自民党は、このようにあらゆる手段を使って党としての意見をまとめていきます。トイレ休憩を入れるやり方が道徳的に立派かどうかは、人それぞれ意見のあるところだと思います。しかし何はともあれ、最後はまとめる。まさに人間関係力に長けた議員たちの知恵の結晶といえるでしょう。

このように「全会一致」で決めれば、組織として団結し組織力が強まります。さらに国民の信頼を得ることもできます。かつての民主党がそうでしたが、「重要な案件が山積みしているが、党内がバラバラの民主党では何も決められないだろう」と不安を覚えた有権者は「腐っても鯛」ならぬ「腐っても自民党」と、たとえ不祥事続きであっても自民党に一票を投ずることになるというわけです。

「多数決」と「公開ディベート」

「まとめ役」は派閥で揉まれて育つ

政治家は有権者から完全に任されていると自負し、自分の意見こそ絶対に正しいと確信して、自信満々で意思決定の場に乗り込んできます。

与党である自民党ではそうした人間が３００、４００人と集まるのですから、彼ら彼女ら全員の意見を聞いて1つにまとめることは困難です。そこで登場するのが、人間関係力のある人物、いわゆる派閥のボスです。派閥のボスたちが党内をまとめるキーマンになっているのです。

政権与党の自民党は、派閥のボスたちが政治を動かしてきました。しかし、こうした人間関係力のある人間は一朝一夕で誕生するものではありません。まさに、派閥のボスを育てる機能を果たしているのが派閥なのです。派閥があるからこそ派閥のボスが生まれる。

派閥政治は否定的に見られることが多く、派閥解消が政治における重要テーマになったこともあります。派閥のなかで大金が動くこともあり、目の届かないところで、派閥のボスたちが物事を決める。これが金権政治のもとになっているという批判の声は次第に大きくなっていきました。有識者のみならず、一般の有権者からも政界がもつ諸悪の象徴のように思われたのです。かつての民主党も派閥解消を提唱していました。

しかし、批判の声が高まる中でも、僕はだんだんと派閥の重要性に気づいていきました。人が集まればグループが誕生するのが自然の摂理です。これは政界だけではなく、僕が所属する弁護士会も例外ではありません。

なぜ派閥が重要なのか。派閥ができれば当然派閥内での競争が起き、リーダーが生まれるからです。この場合、人間関係力がなければリーダーにはなれません。したがって派閥のリーダーになるための競争は、すなわち人間関係力競争ということになります。民間企業など一般的な組織の人事でリーダーに就くのとは訳が違います。

派閥のリーダーになったら、今度は派閥間の競争です。人間関係力をもった派閥のボス同士の争いです。ここで勝ち抜いた人物が自民党のリーダーになっていく。すさまじい人間関係力競争です。

政治の世界では、大臣などの役職者よりも、人間関係力をもった派閥のボスのほうが強い。人間関係力が鍛えられた派閥のボスだからこそ、党内をまとめることができるのです。

このような人材が豊富であることも、自民党の強さの所以（ゆえん）です。

何人に「うん」と言わせられるかがすべて

派閥のボスの資質とは、周りの人たちに「うん」と言わせることができることですが、それは裏切られるリスクを承知のうえで、派閥メンバーの面倒を細やかに見ることで備わるものです。結局は、このような人間関係の貸し借りが、「この人に言われたらしかたがない」という空気をつくり出すのです。


「面倒を見る」というのは、言うは易く行うは難しです。僕にはまったくできません。派閥メンバーの日々の小さな相談に乗る、困り事の解決に手を貸す、人脈づくりを助けることはもちろん、落選した派閥メンバーの生活を支援するなど、ありとあらゆる場面で協力を惜しまない、ということです。文字通り、公私にわたって面倒を見なければなりません。

「落選した派閥メンバーの面倒まで見るの？」と思ったかもしれませんが、派閥の存在感を保つためには、このようなことも必要なのです。落選したからといって見捨てたら、そのメンバーは、次に当選したときに別の派閥に入るでしょう。何より「落ちたら見捨てられる」という派閥内での疑心暗鬼が、派閥の求心力を著しく低下させます。

だから、落選議員の家族も生活できるように年間数百万円の生活費を支援する。それが難しければ、知り合いの企業に頼んで、その落選議員と顧問契約を結んでもらうなど、何かしらのかたちで生活を支援する。とりわけ政治家個人にお金が集まりにくくなった昨今、派閥のボスがメンバーに対するこうした面倒をどこまで見ることができるのか、それがボスの力の見せどころといってもいいでしょう。

政治家というものは、ときには清濁併せ呑む(せいだく)ことも必要なので、清廉潔白な優等生タイプよりも、もろもろ含んだうえで物事を進める親分肌の人物のほうが、派閥のボスに向いています。極端な言い方をすれば、どれだけたくさんの子分をつくれるか、どれだけの人間に言うことを聞かせられるかが求められているということです。

そしてさらに、これらの派閥のボスたちをまとめなければならないのが、総裁、党首、代表という名のトップリーダーです。そのトップリーダーのまとめる力が党のまとまる力、すなわち強さに直結します。派閥のボスが豊富に存在し、それをまとめるトップリーダーがいてこそ、党は強くなるのです。

このように、派閥というコミュニティのメンバーとの間に強い絆を築き、まとめあげることができるような人間味あふれるリーダーには、当然、政治家に成りたてではなかなかなれません。**ボスとしての資質は、やはり長い間派閥内外の権力闘争に揉まれることで次第に育っていきます。僕が、派閥の存在をあながち全否定できないのも、そこが政治家にとって必要な人間関係力を磨く場でもあると思うからです。**

とはいえ、派閥の維持は決して容易ではありません。派閥内の調整や派閥メンバーの面倒見の大変さはもちろんのこと、他派閥との激しい権力闘争があります。ボスとしては、自分の人間関係力でもって派閥の求心力を高めつつ、自分に挑戦してくる者は徹底的に挫く。こうして派閥の力を最大限に高めた末に、自ら総理総裁のポストを獲得するか、または自派から総理総裁を輩出して、派閥メンバーを閣僚などの重要ポストに就けることをめざします。それこそが派閥を維持する目的であり、権力闘争に絶対に勝たなくてはいけない理由なのです。

逆に、派閥間権力闘争に負ければ、勝ったほうは当然こちらを冷遇します。挑む気力を奪うために、ときに自派から大臣を1人も指名してもらえないという場合もあります。

つまり、権力闘争に負けることは、政治家生命を失いかねない事態を招くことになる。政界の権力闘争は僕も体験しましたが、企業の派閥争いがままごとに思えてくるくらい、熾烈なものです。派閥のボスには、派閥内をきっちりまとめあげつつ、他派閥とも手を結び、ときには派閥間の闘争を戦い抜き、そして最終的には勝ち抜いていくほどの人間関係力が求められるということです。

公開ディベートを決め手とせよ

政党として長い歴史をもち、また政権与党の座に戦後相当な期間就いていた自民党では、派閥政治というものが確立されています。かつてほどではないにせよ、その体質は今も残っています。外から見れば「金と権力にまみれた汚い世界」に見えても、派閥政治が日本の政治において一定の機能を果たしているというのは、すでに述べた通りです。さらに調整力や交渉力、あるいは敵対勢力との闘争力などといった人間関係力の高い政治家が育つ訓練場になっている点は、決してあなどれません。

もちろん、金権政治の元凶となっていたかつての派閥政治は改めるべきです。政治資金規正法の改正や衆議院における小選挙区制が導入されたことにより、派閥の金権体質はかなり改善され、派閥の力も以前より弱まったと思います。しかし、自民党のまとめる力・まとまる力の源泉に派閥というものがどっしりと腰を据えていることも厳然たる事実です。

そこを見逃してはいけません。

では、野党はどうでしょうか。自民党に比べると政党としての歴史も与党としての経験も浅い党内には、派閥政治という風土が醸成されていません。だからこそ比較的クリーンな党運営ができているともいえますが、その代償というべきか、「派閥で揉まれて人間関係力の高い政治家が育つ」というのが起こりにくいのも事実です。

そしてこのことが、野党のまとめる力・まとまる力が強くならない最大の原因で、野党が強くならない理由なのです。

そこで鍵を握るのが、「公開ディベートによる意思決定」です。

人間関係力の高い人材が育ちにくい野党においては、党の執行部が、党内で激しく見解が分かれる重要方針などをまとめて、決定することがなかなかできません。ならば党内の「多数決」で決めるしかない。ただし党の議員メンバー全員が等しく一票をもつことで、党執行部の思いもよらぬ結果につながる可能性もあります。

そうなると、党執行部は党内において多数派工作に注力する必要性が生まれますが、多数決では公平性と透明性が肝です。ですから、「公開ディベート」によって決をとるというプロセスが必要なのです。密室のなかの多数決ではダメなのです。

オープンな場で議論を戦わせ、最後は投票で決めるというプロセスを踏めば、その間に多数派工作があったとしても透明性が担保される。これが、「公開ディベートによる意思決定」の意味です。

おそらく、これを嫌がる政治家は多いでしょう。自分が議論で言い負かされるところや、勉強不足がバレる様子が有権者に丸見えになって、恥をかくかもしれないからです。執行部だって、己の人間関係力の低さ——調整力や交渉力、闘争力の低さが露呈する可能性が高い。それでも、これが「強い野党」になるために選ぶべき道だと僕は考えます。

公開ディベートを踏まえた多数決という、文句のつけようのない公平な手段で決めたことならば、少数派の間では多少、不満がくすぶるかもしれませんが、党が分裂するほどの事態にはならないでしょう。

民主党の分裂、前原さんが増税を決定し、増税反対だった小沢さんのグループが離反した件も、公開ディベートを踏まえた多数決によって決めていれば、そうはならなかったはずです。現に、あるとき小沢さんに「あれが多数決だったら、どうしていましたか?」と聞いてみたら、「多数決だったら党を出なかった。不本意でも結果に従っていた」と言っていました。

このように小沢さんの対応が異なるのはなぜか？　それは政治家の沽券（こけん）にかかわるからです。多数決において少数派になったからという理由で党を出るのは、多数決を基本原則とする民主主義の全否定になります。もしも後に、自分が多数派になったとしても、その決定を押し通すことができなくなります。民主国家における政治家として失格、終わりということです。だからこそ、党内で意見が激しく割れても、多数決によって決めるなら分裂まではしない、と僕は考えるのです。

それに、多数決で自分の意見を通すには、たくさん勉強して知識を蓄える、周りに持論を説く、ディベート力を磨くなど、多数派になるための努力が必要です。このような実力を磨き、人間性以上に「持論の論理的妥当性」によって多数決を制した人物が、そのまま党内の実力者になっていくという意味でも、非常に合理的です。

全容公開という公平性と透明性で決められた結果であれば、有権者も相応の敬意と納得感をもって受け止めるでしょう。いろんな意見の相違や衝突を乗り越えて何かを決めようとしている姿、党として1つにまとまろうとしている姿は、必ず心に響く。野党の支持拡大は、このようなところから始まると思います。

多数決が党をまとめた局面

民主主義では皆で話し合って決めるのが基本。民主主義国・日本においては、メンバー全員で話し合って物事を決めるという基本通念がある。しかし、どんなときでも全員一致で物事を決めるというのは現実的ではありません。

そこで、党内で意見が割れたときに備え、方針決定権、人事権、予算権、候補者の公認権などの最終決定権は党執行部がもち、党員は執行部の決定に従うというルールを定めておく必要性があります。かといって、**執行部がルールだけを振りかざして、執行部決定をメンバーにゴリ押しするとメンバーがついてこなくなる。ここで「まとめ役」のような役回りの人の人間関係力を活用する必要性が出てくるのです。**

野党の立憲民主党と国民民主党は執行部の権限をルール上、強化しました。立憲民主党の前身である民主党では、幹部が集まって話し合うことを基本としていましたが、枝野幸男さんが代表を務めた時代に、最終決定権を執行部にもたせるようルールが整備されました。枝野さん自身が弁護士ですから、早くからルールによる政党の組織運営の重要性を認識していたのでしょう。

その点、やはり自民党はさすがです。長い歴史と経験の蓄積によって、執行部のルール上の権限と、まとめ役の人間関係力、いわば「オフィシャルな権限」と「アンオフィシャルな権限」の絶妙なバランスのもとで党内をまとめるノウハウが確立されています。

こういうところは野党も大いに学ぶべきですが、いかんせん、野党では人間関係力のある政治家が育つ土壌に乏しい。ですから、やはり「公開ディベート」を踏まえた多数決によって、党として1つにまとまる実行力を有権者に示すというのが、当面、野党にとって適した意思決定方法であるといえるでしょう。

公開ディベートを踏まえた多数決には、党をまとめる力があることを端的に示す例を1つ挙げておきましょう。それは、2013年、日本維新の会に加わっていた石原慎太郎さんが、「原子力協定に反対する」との党の最終決定に従った事例です。

2011年3月11日の東日本大震災後、国会議員も世論も「原発反対派」と「原発推進派」に二分されていた頃に政府から出されたのが、トルコとアラブ首長国連邦への原発輸出を可能にする原子力協定でした。

当時の石原さんは、数十年ものキャリアをもつ超ベテラン、超大物の政治家です。しかも、長年の原発推進論者であり、この原子力協定にも当然、賛成の立場でした。その石原さんが、ベテランも新米も同じ一票をもつ多数決で「反対」と決まったことに従ったのです。

当時、党内では原子力協定について、賛否が激しく割れていました。こういうときにベテラン国会議員は自らの人間関係力で党内をまとめていきます。とくに、永田町において大先生と崇められていた権威的な議員は、国会議員の中ではそれなりに力を発揮します。ところが、維新のルーツは地方政党です。そのため、永田町において政治家として活動した経験がない地方議員出身のメンバーもたくさんいます。彼ら彼女らにはベテラン国会議員を崇める風潮はありません。永田町においては大先生である国会議員であっても、大阪維新の会出身者にとっては、言葉を選ばずに言えば単なるおじさんにすぎません。石原さんに対しても盾つく大阪維新の会出身者がたくさんいました。ですからベテラン国会議員であっても、党内をまとめることができなかったのです。

この原子力協定案のときも、石原さんを中心とする国会議員の党執行部は賛成でしたが、それを党の決定としてまとめ切ることができませんでした。ですから、当時共同代表だった僕は公開ディベートによる多数決による決定を提案しました。石原さんは「原子力協定賛成」の演説をし、僕は大阪で録音した「原子力協定反対」の演説を東京の国会議員の前で流してもらったうえで、維新の衆参両院協議会において国会議員全員による多数決をとったところ、「反対」という結果になりました。

石原さんはものすごい形相で僕に詰め寄りました。「執行部で『賛成』となったものを、多数決でひっくり返すなんていう、学級委員みたいなやり方は許せない」と。「どうしてベテランの俺たちとひよっこの新米が同じ一票なんだ」と。

僕は石原さんに、維新の党内には「まとめ役」が不在で、このまま執行部の決定をゴリ押ししたら党が分裂してしまう危険性について話し、だからこそ、維新がまとまるためには、皆等しく一票をもつ多数決によって決めることが最良であると説明しました。すると、石原さんの真っ赤な顔は、徐々に普通の色に静まってきました。そして「わかった」と言ってくれたのです。

もっとも、実際に原子力協定が国会の採決にかかったときには、石原さんは「手首の怪我」を理由に国会を欠席しました。おそらく人生懸けて唱えてきた原発推進という持論を曲げて反対に票を投じるのは絶対にできないと思ったからでしょう。党の反対という決定にはとやかく言わないが、自らの一票を反対に投じたくはないという心情は、理解できます。国会欠席というのも元自民党議員として持論を貫くための、ギリギリの知恵だと思います。

この原子力協定の党内のドタバタ劇については、いろいろな新聞から「党内不一致！」と叩かれましたが、もとより党員全員が、すべてのテーマについて同意見であるはずがありません。

党内にはいろんな意見があっていい。重要なのは、党として最終的に意見をまとめることであって、それを、自民党のような党では人間関係力の高い「まとめ役」を活用することで成し、野党では徹底的な公開議論と多数決で成せばいいということなのです。

組織を動かす「役割分担」

大阪市役所改革を成功させた3つの戦略

政治家は政策を語るまでであって、実際に政策を実行し、結果を残すのは組織の働きがあってのことです。そして結果を残せるように組織を運営していくには、組織内の役割分担が欠かせません。

そこで僕の大阪府知事・大阪市長時代の経験からいえるのは、**①役人とのディスコミュニケーションを徹底的に解消すること、②政治家である自分と役人との境界線をはっきりさせること、③役所側の「司令官」を決めること、**この3つが、政治家と役人の役割分担と協働をしながら「結果を出せる組織」を運営していく秘訣だということです。

まず①、役人とのディスコミュニケーションを徹底的に解消するということについて。

僕が知事時代・市長時代に、府庁・市役所という組織が一丸となって府政・市政を運営するにあたってもっとも重視していたものの1つが、政治家である僕と役人との間に立つ「変換装置」でした。僕の言葉を役人にわかるように伝え、役人の言葉を僕にわかるように伝える、そのような機能を果たす特別チームを設置したのです。

外国人同士でもあるまいし、そんな伝言ゲームのようなことをするのは無駄ではないかと思うかもしれませんが、役人経験ゼロの僕が使う言葉と、役人が使う言葉は、同じ日本語とはいえ大きく意味が異なってくる。そのまま伝え合うだけでは、意思疎通が不完全になってしまうのです。

仕事の滞りやトラブルの9割はディスコミュニケーションが原因だと思います。同じ言葉でも受け取り方が違う。相手がどういう意味で言っているのかわからない。こうした行き違い状態では、どれほど有能な人々の集まりであっても、仕事は見当違いの方向に進むばかりです。指示を出したほうは不満が募り、指示を出されたほうはうろたえる。指示された側が、指示側の意図をちゃんと確認しようと尋ねても「もう説明しただろう。つべこべ言わずに動け！」、時間がかかることを説明しようとしても「言い訳するな！　早くやれ！」などと言われる始末では、指示された側は適切に動けません。

だから僕は、知事・市長に就任してすぐに「変換装置」の役割を担う特別チームを設けたのです。そしてこの特別チームを介した役人とのコミュニケーションを続けているうちに、僕のほうでも、役人への意図の伝え方や指示の出し方のコツがだんだんわかってきました。

互いの「領域」を侵さない

そのコミュニケーションのなかで、僕が徹底的に意識していたのが、②の政治家である自分と役人との境界線をはっきりさせることです。従来の役所の慣例やルールを変更するような大方針を提示するのは僕の役割。その方針に従って中身を具体的に詰めながら制度設計をするのは役人の役割。このように、知事・市長という政治家である僕の役割と行政組織の一員である役人の役割の境界線をお互いに侵さないように意識しながら、各々の課題について議論を重ねるようにしていました。

ともすれば、この境界線は簡単に崩れてしまいます。政治家の仕事に役人が口を出し、役人の仕事に政治家が口を出すということが起こる。するとたんに議論や組織運営が混乱し、膠着（こうちゃく）し、最終的に空中分解しかねません。

自分の役割の意識、相手との境界線を守るという意識があれば、たとえ最初は意見に大きな隔たりがあっても、少しずつ歩み寄り、一本の道に収斂されていくものです。議論の煮詰まり具合次第で、タイミングを見極め、最終決定の大号令をかけるのが組織のトップである知事・市長の重要な仕事といえます。

このように言うのは簡単ですが、現実に、こうした組織運営をしようと思うと、さまざまな困難がついてまわります。外部からやってきて新たにトップに立った僕と、従前の役人慣行を最大限に尊重する行政組織の間には意見と価値観の大きな相違があります。組織側が警戒心満載の状況下でトップに迎えられたときはとくにそうです。

僕が政治生命を懸け大阪都構想を掲げて大阪市長に就いたときがそうでした。大阪府庁と大阪市役所を解体して再構築するという大阪都構想。それに付随して、市役所や業界団体と癒着していない一般の有権者に向けて「天下り撲滅」「利権政治排除」も訴えました。その他、市立保育園・幼稚園の民営化や地下鉄・バス事業の民営化、大阪府と大阪市の水道事業、大学事業、病院事業の統合などの改革案も強烈に主張しました。これらを公約として市長選挙に勝った僕は、大阪市役所という組織からすれば「自分たちを解体するとんでもないやつ」でした。

実際、市長として仕事を始めてみると、さっそく市役所の役人が大阪都構想についてはもちろん、僕の主張する改革案について反対意見をどんどんぶつけてきました。僕は議論に応じましたが、僕が担うべき政治判断の領域のことへ踏み込んできたときには、「それは役所が決める話ではない。僕が政治判断することだ」と厳しく指摘しました。とはいえ、なんでもかんでも政治判断で決めるわけにはいきません。他の法制度との整合性やデータ分析・法解釈、現場の実情などについては役人の意見を尊重します。このようなやり取りを通じて、疑心暗鬼が相互信頼に変わってくることを実感しました。

そして、そのうえで③、役所側の「司令官」を決めるということがポイントになります。司令官も僕と市役所側との間に立つポジションですが、先ほど述べた「変換装置」の特別チームとは役割が違います。変換装置は僕の言葉を役人に、役人の言葉を僕に、わかりやすく伝えるコミュニケーションの仲介役ですが、司令官は組織を実際に動かす要です。

市長といえども、1人で大阪市役所全体を動かすことはできません。ましてや僕にはそれほどの人間関係力がない。選挙戦で大阪市役所を激しく罵ったときと同じようなテンションでは、市役所の役人たちを動かすことはできない。だからといって、外部から仲間を引き連れて市役所に乗り込んでも、市役所側の猜疑心を強めるだけです。そこで、あくまでも市役所内部の人材で、かつ僕と共に市役所をまとめて組織に具体的な指揮命令を出してくれる人物が必要だったのです。

組織を動かすのは、最後は「人」です。どのポジションのどの人にどのように指示をすればいいのか。どのような人物をどのポジションに配置するのがいいのか。文字通り「人事」です。これは組織のメンバーの人物像、能力を的確に把握していなければなりません。外部からいきなりトップに就いた僕に適切な人事などできるわけがありません。ゆえに人事権を駆使し、組織を動かして政策、改革案を実行する司令官が必要なのです。では、役所内の人物の誰を司令官に据えるか。ここは僕自身が担わなければならない最重要の人事でした。

僕は市長選が始まる前から、この司令官人事を考えて、情報収集をしていました。

こうして僕が市長就任後、白羽の矢を立てたのが、当時、総務局長だった村上龍一さんでした。総務局長とは、市役所人事をつかさどる総務局のトップです。

事前の情報収集で、村上さんについては、次のようなことがわかっていました。

第一に、個人的な意見は横に置き、組織の最終決定には従うという、まさしく官僚の鑑であること。第二に、僕の掲げる大阪都構想や改革案に反対する急先鋒であり、市役所組織の利益をしっかりと主張する人物であること。

第三に、風貌や雰囲気に迫力がある、いわば親分的な人物であること。組織内で慕われる親分気質をもち、周囲に「うん」と言わせる迫力があるというのは、人をまとめるうえで重要な資質です。

そして第四に、酒飲みであること。組織のメンバーが不満を抱いているとき、もっとも手っ取り早く効果的にガス抜きする方法は、やはり、一緒に酒を飲むことです（令和の時代、そして新型コロナ禍の外出自粛の生活を経て、これからは変わっていくかもしれませんが）。人から慕われていて、なおかつ酒飲みとくれば、村上さんの人間関係力が高いことは明白でした。

反対の声は多ければ多いほどいい

それでもなぜ、僕の考えに真っ向から反対することが明らかな、市役所組織の代弁者をあえて司令官に選んだのか。

実は、それこそ僕の狙いでした。徹底的に市役所を改革していこうとする僕には、当然市役所内部から強烈な反対の声が上がります。そのときに、僕の考えだけをゴリ押ししても組織はついてきてくれません。僕には市役所をまとめるだけの人間関係力がない。そんな僕が、「俺は市長なんだから、言うことを聞け！」と役職を振りかざして命令しても、組織は動きません。

こういうときには、市役所組織の代弁者だと市役所内の誰もが思っている村上さんと僕が激しく議論を戦わせ、次第に意見をすり合わせていくのです。トップもメンバーも基本的には一人一票の政党の場合には、公開ディベートを踏まえた「多数決」が必要になりますが、市役所組織の場合には違います。

法律上、市役所組織の決定は、多数決を用いずに市長の決定で決めることができる。ですから、村上さんが組織の主張を代弁して僕と公開の場で激しく議論し、最後は僕が組織決定を下す。村上さんは、決まるまでには反対し続けても、ひとたび組織の決定が下されればそれに従ってくれます。村上さんが「イエス」と言ってくれたら、市役所組織は、村上さんを信じて、僕の決定に従い動いてくれるという確信がありました。

というわけで、村上さんを筆頭副市長に任命したうえで、改革を主導する部局の長には、僕が外部から引き入れた人物などを据えました。僕が直接行った人事はこれくらいです。その他、改革に向けて組織を動かしていくための人事案は、すべて村上さんや僕が任命した部局長にやってもらいました。ただ1つ、「決まるまではどんどん反対意見は出したとしても、組織の最終決定には従う。そういう人を選んでほしい」という条件だけは厳命しました。

これも、組織内で慕われている村上さんの人事ならば、市役所の人たちも反発なく受け入れるに違いないと考えたからです。加えて、村上さんが自ら行った人事ならばなおさら、村上さんがずっと睨みをきかせてくれるだろうという考えもありました。

これらの狙いは、かなり成功したと思っています。賛成意見も反対意見も盛んに出されるなかで時間をかけて議論し、すり合わせ、必要に応じて修正を加え、村上さんが代弁する組織の意見を十分に汲み取ったうえで、僕が最終決定を下す。そして村上さんが役人たちを動かしていく。こうして大阪市の大改革は進んでいきました。

日本人は意見を戦わせることを嫌う傾向が強すぎると思います。反対意見を言ってはいけないような雰囲気づくりをする組織も多いようですが、それでは反対派の不満がくすぶり続けるうえに、組織としてよりよい決定を下すこともできません。

いくら有能なトップでも、最初から1人で100％正しい決定はできないし、組織をまとめあげることもできません。意思決定というのは刀づくりのようなもので、高温に熱して叩いて鍛えていくこと、熱い議論をかわして練り上げていくことが欠かせないのです。

意見を存分に言い合い、議論を経た末に下された決定ならば、反対派だって納得感をもって従うでしょう。「最終決定には従う」ということを組織の絶対的ルールとするならば、むしろ反対意見は多く出るほどいいのです。

第4章

野党を強くする極意

日本維新の会の「4つの失敗」に学ぶ

次のステージに移った日本維新の会

僕と一緒に維新の会を率いてくれていた松井一郎大阪市長・日本維新の会代表が2022年8月下旬、代表を辞任しました。松井さんは2023年4月の大阪市長の任期満了をもって政治家を引退すると表明しています。

僕とともに大阪の改革を断行し、大阪都構想の1回目の住民投票を実施し、僕が政治家を引退したあとも大阪万博やカジノの誘致などに道筋をつけて、2回目の大阪都構想の住民投票も実施。国会議員もそれなりに増やして、もう自分としてはすべてやり切ったという思いなのでしょう。その間、吉村洋文さんが、大阪市長、大阪府知事を務めて、その仕事ぶりから、大阪府民のみならず国民からも強く支持を集める政治家になりました。

松井さんの後任の日本維新の会代表には、党初の代表選を経て馬場伸幸衆議院議員が選出されました。現在の維新の会にはどんどん新しいメンバーが加わり、僕と一緒にやっていたメンバーが引退することも多くなっています。僕と松井さんの維新創設メンバー時代から、いよいよ次のステージに移ります。

これまで野党には、立憲民主党・共産党の方向性（A）しかありませんでしたが、それとは異なる維新の方向性（B）が出てきたことは国民の選択肢が増える点で歓迎すべきことだと思います。

今後は、立憲民主党と日本維新の会、それに維新とも方向性が近い国民民主党が切磋琢磨しながら野党を強くしていってほしい。もちろん共産党、社民党、れいわ新選組、参政党などの野党とも同じく切磋琢磨してほしい。僕の考えとは異なる政党や方向性であっても、日本の政治をよくするために、とにかく野党を強くしてもらわなければなりません。

その参考の1つにでもなればという思いで、この章では、僕が日本維新の会を運営していたときの経験をもとに、野党が強くなるためのポイントを論じていきたいと思います。

党内の「道しるべ役」と「まとめ役」

人間誰でも得手不得手はありますが、僕が政治家として得意だったのは、大きな目標や方針を組織やメンバー、そして有権者に示すことで、それに向かっていこうというモチベーションを高めたり、役人と議論をして最終的な判断を下し、役所組織を動かして政策を実行したりすることでした。

とくに、専門知識をもつ役人と議論するには、ある程度の知識が必要不可欠です。たとえば地方制度。その複雑さに閉口しましたが、まずは知ること、と覚悟を決め徹底的に勉強しました。あるいはダム中止問題については、これまで触れたこともないダム工学に関する専門書を読みこみました。このような知識の吸収は、医療、福祉、教育などなどあらゆる分野に及びましたが、それは担当部局の役人たちと対等に議論し、僕の考えを披露できるようにすることが目的でした。こちらにある程度知識がなければ、その道何十年の役人たちは、僕の意見をまともに聞こうとしません。

その一方、僕は子供の頃から友だちづき合いが下手で、仲間をつくって仲間同士の輪を広げていくことが苦手でした。どんなにいい政策でも仲間の協力がなければ実行に移すことは不可能です。ですから、その部分に関しては、分業というかたちで松井さんに委ねてきました。

僕の役割が役所組織を動かすだけならば、こうした仲間づくりの人間関係に配慮する必要性はそれほどなかったでしょう。というのも、役所組織は上意下達で成り立つ部分がたくさんあるので、村上さんとの信頼関係さえ構築しておけば、あとは人事権を駆使して市役所組織を動かすことができるからです。

しかし、政策を実行するには、政党組織も動かさなくてはなりません。とくに新興政党の場合にはメンバー間での対等意識が強く、上意下達がうまく機能しません。ですから、最後にものをいうのはいかに政党のメンバー仲間との人間関係を築くかです。残念ながら、この人間関係力を得る方法が記された教科書は存在しません。

面倒を見て、相談に乗って、支援する。このような貸し借りを膨大に積み重ねることで、ユーモア、面白さ、威厳、怖さなどの人間的魅力が備わっていく。こうした人間関係力をもって仲間に「うん」と言わせるのが、政党をまとめるために必要な力です。僕はそのような力をもっておらず、政治家としての資質を備えていないと自覚しています。

そういえば、大阪維新の会を立ち上げたときに30人ほどのメンバーと鶏鍋を食べにいったことがありましたが、ふと気づいたら、僕は1人になっていました。一方、隣の松井さんの周囲には二重、三重の人の輪ができていました。

松井さんの人間関係力を示すエピソードは他にもあります。かつて松井さんに、僕の趣味は何なのかと聞かれたことがありました。僕が、大型バイクに乗って走ることくらいですかね、と答えると、松井さんは当時大阪府知事として忙しかったのに、なんと教習所に通って大型バイクの免許を取得したのです。そして、僕をツーリングに誘ってくれました。松井さんがいかに仲間との人間関係を重要視しているか窺い知れるでしょう。

とはいえ、政党の代表として僕には僕なりの役割があったと自負しています。必要性を感じたときにあれこれ勉強することは得意でした。その知識をもとに、大阪維新の会が進む方向性を考えたり、メンバーのモチベーションが高まるような目標を設定したりしました。簡単に実現できるような目標設定ではダメです。「かなりハードルは高いが、それでも挑戦してやろう！」とメンバーが熱く燃えることのできる目標。私の利益ではなく、公の利益を実現し、それでいて周囲からは一定評価され得る目標。場合によってはメンバー各自の人生の足跡として、歴史の一コマに残り得る目標。まさに今流行のパーパス（存在意義）ですね。そして、その目標をしっかりと有権者に伝え、支持を得られるように強烈なメッセージを送る。大阪都構想と大阪の大改革プランがまさにそれでした。

他方、目標を実現するために党内をまとめるのが松井さんの役割。これが僕と松井さんとの役割分担でした。**強い野党になるためには、この「道しるべ役」と、政治家集団の「まとめ役」という役割分担の仕組みが絶対に必要です。**ちなみに歴代最長政権となった安倍政権には、道しるべ役が安倍首相、まとめ役が菅官房長官、麻生副総理・財務大臣、二階幹事長などという役割分担があったと思います。

野党党首に必要な「泥くさい執念」

このように、強い野党をつくるには「道しるべ役」と「まとめ役」が必要ですが、それに加えてもう1つ、**野党党首には、「何が何でも1議席でも増やそう」という、泥くさい執念や気迫が絶対に必要です。**

たとえば、れいわ新選組の山本太郎さんは、21年10月の衆院選で比例東京ブロックから衆議院議員になりましたが、22年夏の参院選にあたって衆議院議員を辞し、出馬を表明しました。こうした行動を見て、「山本さん流のポピュリズム」と言う人もいるでしょうが、僕の見方は違います。

山本さんの衆議院当選は比例代表でしたから、山本さんがこれを辞した場合は、同党から次点だった1人を繰り上げ当選させることができます。そのうえで山本さん自身は、その知名度と政治運動によって、参議院でもう1議席を取っていこうと考えたのでしょう。

そして、実際それに成功しました。ここに、「絶対に1つでも議席を増やすのだ」という強烈な執念を感じます。

国会議員の議席を1つ得ることがどれだけ困難か、僕は政治家時代に嫌というほど痛感したものです。「たかが1議席」と世間は言うかもしれませんが、国会議員の議席を1つ得るのは本当に大変なのです。実際、ある宗教団体など、団体の総力を上げてもう何年も必死の活動をしていますが、1つの議席も取れないでいます。

山本さんと僕とは、考え方は真逆に近いでしょうし、彼のほうでも、僕の言っていること、やってきたことに関しては全否定したいところが多いでしょう。しかしそれはそれとして、政治家として1議席でも増やしていくことにかける山本さんの執念に、今の野党指導者は学ぶべきところがあると思います。

日本維新の会はなぜ、強い野党になれなかったのか

僕が代表を務めていたことによって、国政政党「日本維新の会」が強い野党になれたのかというと、残念ながらそれは否定せざるを得ません。

その後、松井さん体制で党勢を立て直し、今回馬場新代表が就任しましたが、僕の時代を反面教師としてさらなる飛躍をめざし、野党間で切磋琢磨してもらいたいものです。

僕の時代の日本維新の会は大阪を大改革し、大阪都構想を前に進めるためにフル稼働しましたが、それは主に地域政党の大阪維新の会が中心でした。国政政党日本維新の会のほうは、僕の判断で離合集散を繰り返し、党勢は縮小し、政党基盤は脆弱(ぜいじゃく)なままでした。その後、松井体制のもとで21年10月の総選挙において議席数を約4倍に増やし、立憲民主党に次ぐ野党第二党になり、22年7月の参院選では、比例獲得票数で立憲民主党を上回る野党第一党となりました。

僕の代表時代に、地域政党としての大阪維新の会はある程度、育てることができたと思います。しかし、国政政党としての日本維新の会については、大阪維新の会と同様にはいきませんでした。日本維新の会はいわば「ベンチャー野党」。いわゆるスタートアップのアーリーステージは創業社長の手である程度はクリアしたものの、その後伸び悩んだ状況です。

なぜうまくいかなかったのか。原因は次の4点だと思っています。①日本維新の会の国会議員の日々の活動が活発でなかったこと、②目標に向けてのロードマップに乏しい組織だったこと、③自民党に匹敵するような「まとめる力・まとまる力」が備わっていなかったこと、④「いつまでも野党でいるわけにはいかない」という必死さ、粘り強さが欠けていたことです。

馬場新代表のもとの日本維新の会は、この４点を反面教師にし、ミドルステージをクリアして、自民党に対峙できるレベルにまで成長してもらいたいものです。日本維新の会以外の野党各党にも参考にしていただき、二大政党制をぜひ実現してほしいと強く願っています。

支持の土台は「日頃の活動」

まず、①の「日本維新の会の国会議員の日々の活動が活発でなかったこと」について。日本維新の会のアーリーステージにおいて、国会議員の議席をある程度獲得することができました。その理由はどこにあるのか。それは、松井さんと僕、そして「大阪維新の会」という地域政党が、大阪という地元において政策実行力を発揮したからです。松井大阪府知事と大阪市長である僕が行政権を行使して政策を実行し、維新政治を大阪の有権者に実体験してもらったのです。こうして大阪維新の会は、地元大阪では自民党と張り合える存在になっていったのです。

さらに大阪維新の会は数えきれないほどの街頭演説やタウンミーティングを実施してき

ました。所属議員たちも、地域を隅々まで回り、地元民の意見や要望に耳を傾ける努力を惜しみませんでした。

大阪維新の会は自民党のように、業界団体など、特定団体との密接な関係はありません。ですから、業界団体相手の組織的な活動ではなく、特定団体に属さない一般の有権者に向けての活動でした。**とにかく政策を実行し、一般の有権者に向けて必死の思いで訴える。自民党に対抗できる大阪維新の会の基盤は、こうした活動によってできたものなのです。**

しかし、僕のこんな思いを共有できたのは、党のアーリーステージで大阪において一緒に活動した大阪維新の会の仲間たちが中心です。大阪維新の会出身ではない日本維新の会の国会議員たちは、自分の力で当選したものと勘違いしている者が多かった。

大阪の地から彼ら彼女らの姿を見ていると、僕には、彼ら彼女らがやっていることは単なる政治ごっこにしか見えませんでした。自党、他党の国会議員を相手に、無駄としか思えないような会合、飲食を繰り返す。国会議員で集まることが政治だと思っているようにしか思えません。華々しいパーティーやレセプションに出席したり、外務省のアテンドで海外視察を行ったり、他国の政治家と懇親会を開いたりすることが楽しくて仕方がないのかもしれません。

おそらく、政府高官から説明を受けたり、国会において首相や閣僚たちに質問したり厳しい注文を付けたりしただけで、自分は偉くなったように感じるのでしょう。

国会議員としてのメインの活動がそのようなもので、肝心の全国に支持者を増やすための活動はやらない。せいぜい新橋駅前のSL広場で1回あたり1時間ほどの街頭演説を年に数回だけやり、あとは自分の選挙のことだけを考えて、自分の選挙区においての地域回りをするくらい。

僕は昔ながらの政治家のように、自分の選挙区の行事や葬式、盆踊りに顔を出すだけでは党としての支持は広がらないと思っています。もちろん、そのような活動を全否定はしませんが、これからの時代に党としての支持を広げていくためにはやはり、自分の選挙区以外においても「政策を訴える活動」を膨大に積み重ねる必要があると思っています。

まずは地方で首長を取る

今の野党の国会議員たちは、選挙前には公約をいろいろ並べますが、国民はよく見ていて、「でも、それ本当にできるの？」と疑問を感じています。自分たちの政策を実行して、有権者に野党の政策を体感してもらおうとすれば、国政で政権を取るしかないのですが、それがなかなかできない。

そこで、自分たちの政策を実行し、自分たちの政治を有権者に体感してもらい、口だけ野党から脱却して強い野党になるために、まず地方で政権を取るのです。

地方の知事や市長の座を獲得して本腰で気合を入れれば、その地方では、政権政党のようなことができる。つまり、自分たちの考える政策をとことん実行できるようになるのです。野党が本気になって、日本をこういう国にしていこうと思うなら、国政の場で果たせないその構想を、まずは地方で実現していく。有権者に自分たちの政策を体験してもらい、「なるほど、この野党はこういう政策によって地域・国をこう変えていくのか」と納得してもらえれば、「口だけ野党」という批判や疑問は収まり、次第に支持が集まってくるでしょう。

大阪では、自民党だけでなく、共産党から立憲民主党まで他のすべての野党が、維新を意識し、包囲網を築くように団結していますが、維新はそれをはね返しています。大阪府内の市長選挙になると、維新対それ以外の政党という構図になっている。これはいってみれば完全に「二大政党制」の状態です。

国政では自民党政治だけれども、大阪では維新の政治が実体験されている。国政で政治を実行している自民党と、大阪で政治を実行している維新とを、有権者はその体感をもとにして、どちらかを選ぶという選択になっています。

野党はこの大阪方式を大いに参考にすべきです。野党のなかでも「維新政治とは考え方が合わない」「反対だ」という意見は多いでしょう。しかし僕は決して、維新の「政策」を真似しなさいといっているわけではありません。政策の中身は各党それぞれの考え方で決めればいいが、地方での二大政党制のつくり方を参考にしなさいといっているのです。

もちろん、これを本気でやろうと思ったら大変です。「口だけ野党」のままなら絶対に無理です。国会議員の1議席を増やすことの大変さについては先に述べましたが、国会議員の議席よりも、知事・市長の席を取るのはもっと大変です。

知事・市長の首長選挙で勝利しようと思えば、その地域において日常的な政治運動を地道に続けなければなりません。日頃のビラまきから、住民集会、街頭演説まですべてを徹底的にやり続けなければなりません。自民党のネットワークは日本全国津々浦々に張り巡らされています。自民党に勝つためには、想像を絶するほどの活動量が必要なのです。

維新の会も、今でこそ国政野党第二党、大阪では政権与党となり、年間約30億円にも上る政党交付金などを受領する一大勢力を築いていますが、最初の大阪維新の会は、僕と松井さんを含めてたった7人からのスタート。運営資金はポケットマネーで月額1万円。ここから始めて、あとは血反吐を吐くくらいの政治運動量で選挙を勝ち抜いてきました。大阪維新の会出身以外の維新の国会議員の多くは、この苦労を知らない。だから簡単に勢力を拡大できると勘違いしている。

僕は、地方の政権を取ることの重要性を15年ぐらいからずっと言い続けていたのですが、維新も含めて野党ではそれが十分にできていません。維新は大阪以外の知事・市長選挙などで勝てていない。国政選挙においても、大阪、関西以外では支持が広がらない。大阪以外の地方で、維新が二大政党制を築いている地域は皆無です。

２０２２年2月の長崎県知事選、3月の石川県知事選では日本維新の会が関与した候補者が勝ちましたが、維新が育てた候補者ではなく、もともと地盤のあった候補者や自民党が支援している候補者に維新が乗っかっただけでした。

他方、大阪府内においては維新系の18人の市長・町長が誕生していますが、ほとんどが維新の府議会議員、維新の市議会議員、維新の町議会議員が市長に転じるかたちでした。純粋な維新メンバーの首長といえるでしょう。

では現在、維新の国会議員が一念発起して、大阪以外の知事選や市長選に出るかというと、そういう人は皆無です。維新の国会議員が「普段国会で言っていることを、国政の場では実行できないので地方で実現したい」と奮起し、苦しい選挙を乗り越えて知事・市長になってくれることを期待していたのですが、そのような事例はまだありません。

維新国会議員の多くは、国会議員のままのほうがいいという考えなのでしょう。知事選・市長選に出れば落選の可能性があります。「そのチャレンジはリスクが多すぎる」という計算が先に立ってしまう。結局、「自分たちの政策を実行する！」という気構えが弱いのです。

これは他の野党の国会議員もまったく同じです。野党は、国会議員が自ら知事・市長に転じて、本気で自分たちの政策を実行しようとしない。結局、口だけ。これが野党が弱いままでいる原因の1つだと思います。

目標に向かうロードマップの欠如

失敗の理由として挙げた②日本維新の会が「目標に向けてのロードマップに乏しい組織だったこと」の責任は、実は僕にあります。大阪維新の会として大阪都構想という大きな目標に全神経を集中させていたために、国政政党としての目標を考える余裕がなく、そこは東京の国会議員任せにしていたからです。

結果として、国政政党としての目標も、その実現のためのロードマップもはっきりとは定まらず、全国的な支持拡大につながる活動が戦略的に行われることはなかったのです。各国会議員たちは、自分の選挙のことだけを考えてバラバラに動いていました。

しかも、僕は、維新国会議員団を「大阪都構想実現」のための手段と位置づけていましたので、それ以上の目標とロードマップの作成を怠っていました。

一方で、大阪都構想の実現を至上命題としていた地域政党大阪維新の会は、定期的に、また必要に応じて役員会を開催していました。大阪都構想推進チームを立ち上げ、僕は吉村さん（現・大阪府知事）をチームリーダーに抜擢。推進チームは戦略的なロードマップを練り上げ、大阪維新の会は一丸となってそれを実行しました。

また、大阪都構想以外の改革目標もさまざまなものがあり、それぞれについて戦略的なロードマップを作成し、実行していきました。ロードマップは絶えず更新していきます。

こうして、大阪維新の会は中・長期的なロードマップを戦略的に描き、実行に移せる組織として育っていったのです。何らかの大きな方針が立てられれば、メンバー全員がそれぞれの役割に応じて活動できます。内部で意見の違いが生じても、そこは松井さんの人間関係力でまとめていきます。このような大阪維新の会の組織力がもっとも発揮される場面が選挙でした。

選挙対策本部ではメンバー全員で戦略を練り、全員で行動します。自分の選挙でなくても大阪維新の会が勝つためという目標に向けて皆必死になります。

この組織力は、12年、国政政党日本維新の会を結党して初めて迎えた衆院選でも発揮されました。当時、国政政党日本維新の会としての組織がなかったので、大阪維新の会の大阪の地方議員が全国を飛び回って国政選挙活動を行ったのです。

僕が大阪以外で街頭演説をしようと思っても、大阪以外には現場を仕切る人物がいません。そんな状況のなかで、選挙が初めてという候補者のために、大阪維新の会のメンバーは全国を飛び回って候補者をサポートしたのです。大阪府議会や市議会の議長を務めたり、大阪維新の会府議団、市議団の幹部を務めたりした重鎮たちが、大阪以外の各地方でロープをもちながら雑踏整理やビラ配りをやりました。そのような活動があったからこそ、ある程度の数の国会議員が誕生し、今の日本維新の会が存在するのです。

ところが、このような地べたを這うような大阪維新の会の活動を知らない国会議員たちは、自分が当選するためにしか活動しません。

大阪維新の会のメンバーが死力を尽くして活動していた15年5月の大阪都構想の是非を問う住民投票のときもそうでした。様子を見に来た国会議員たちのなかには、「ロープをもってください」と頼まれたときに、国会議員である自分がやることではないと拒否した人物がいたらしい。

これは日本維新の会だけに関係する話ではありません。**野党が強くなるためのポイントは、各メンバーが自分の当選につながる地元での活動ではなく、党勢拡大のための活動をいかに必死にやるかです。**各メンバーがいかに戦略的に組織的に一丸となって、組織のための汗がかけるかです。そのことを各野党にはしっかりと認識してほしいと思います。

アーリーステージの維新国会議員たちの戦略性のなさは、国会での質問からも感じられました。国会質問を、いかに有権者の心をとらえるものにするのか。そのためには、どんなテーマを取り上げるか、どのように追及するのかを組織の戦略として考えなければなりません。各議員における役割分担が非常に重要です。質問を通じて日本が行くべき道をしっかりと有権者に示さなければならないのです。党をあげて組織的に、戦略性をもってそれができるとき、多くの有権者の支持を集めることができるでしょう。

ところが、実際は党内各議員の質問はバラバラです。党をあげて行うという姿勢が感じられず、あくまで議員個人の関心事に終始しています。しかもSNSでの反響を重視して、ネット上で賛同されると、それが国民の多くから賛同を得られたと錯覚する議員もいるのですから始末が悪い。逆にSNSで批判を受けるような主張は避ける。SNSでの拍手喝采や批判など、日本全体の有権者の数からしたら、微々たるものだという認識が足りません。これも、野党全体にいえることです。

やはり「まとめる力・まとまる力」が足りない

僕が代表を務めていた頃の国政日本維新の会には、③「『まとめる力・まとまる力』が備わっていなかった」という3つ目の失敗要因ですが、新しく立ち上げた政党でしたから、そうした力をもち得なかったのは、今思えば仕方がなかった部分もあります。

まとめる力をもっていた松井さんは、大阪維新の会をまとめることに集中していましたが、生まれたばかりのひよっこ政党で、まとまる力が十分に備わってはいなかったにもかかわらず、そうした力を長い間培い、しっかりとまとまる力を備えている自民党の真似をしようとしたことに問題がありました。

おそらく、初めて味わう永田町での国会議員としての生活に呑まれ浮き足立ってしまったり、石原慎太郎さんのような自民党のベテランが参加したことで、自民党並みの政党になったような錯覚を起こしてしまったりしたのでしょう。

生まれたばかりの政党には、人間関係力を使って組織決定をする自民党ほどの力はありません。したがって、党内でオープンに議論をし、最後は多数決で決めるという民主主義の基本ルールにのっとったやり方で、党をまとめるしかなかったのだと思います。しかし、日本維新の会は先に述べた原子力協定の賛否を決めたとき以外には、公開ディベートを踏まえた多数決に消極的でした。国会議員になると、自民党政治の象徴でもある永田町政治をどうしてもやりたくなるのでしょう。

永田町政治とは要するに、「飲み食い政治」。飲み食いしながら物事を決めていくという政治です。たしかに人間関係を構築するうえでは飲み食いも必要ですが、これはあくまで全体のプロセスの1コマにすぎません。にもかかわらず、自分の力を過信し、飲み食いしながら話をまとめようとします。しかし、それは人間関係力がなければできないことであり、そうでなければ永田町での飲み食いなど意味がありません。

つまり、「まとめる力・まとまる力」が足りない政党には、多数決でまとめるしか方法がないということです。むしろ激しい議論を経て多数決で決めるというやり方を通していたならば、「維新らしい」と新鮮な受け止め方をされ、維新の新しい政党運営を有権者にアピールできたかもしれません。

とはいえ、僕は人間関係力でまとめるやり方を否定しているわけではありません。政治には、人間関係力が必要な場面が多々あるからです。たとえば、アメリカの大統領と愛称で呼び合うようになるには深い人間関係を築く必要があると思いますし、ゴルフをともにすることも政治を行う上で重要な要素になることもあるでしょう。重要だからこそ、松井さんは、僕との関係を構築するために大型バイクの免許を取得したのです。多数決をするにしても、最後は人間関係力を使った多数派工作が行われています。

いずれにしても、強い野党になるためには、激しい公開議論を踏まえた多数決で決めるということに加えて、人間関係力をベースとした「まとめる力・まとまる力」をつける必要もあります。とくに、大阪維新の会という地域政党から出発した維新は、国会議員団の国政日本維新の会と地方議員団の大阪維新の会がまとまることが大切なのです。

見解の不一致を呑む込む力

当初、国政日本維新の会は、共同代表として、僕と石原さんが就任していました。ところが、13年に「結いの党」を結成していた江田憲司さんたちとの合流話を進めるにあたって、石原さんが分党し、当初の体制が崩れてしまいました。

石原さんにしてみれば、江田さんとはおそらく、何らかの確執があったのでしょう。その1つが、江田さんの「護憲派」という立場でした。これは、政策の一致にはあまりこだわらない石原さんにしては珍しいことでした。

しかし、どの党を見ても同じ党の議員各々の考えが100％一致していることなどあり得ません。自民党の中にも、憲法9条改正に反対する人、あるいは原発推進に反対する人はたくさんいます。しかし、それでも自民党は今のところ憲法9条改正、原発活用という方向性で1つにまとまっています。

それが自民党の強みであるならば、**野党もまた、党内に政策や価値観に多少の違いがあってもそれを併せ呑む度量をもつ必要があります。むしろ、多様な考え方をする民主主義の国である日本においては、党内に見解の不一致があるほうが自然です。**

メディアやコメンテーターたちは「党内不一致!!」とことさら騒ぎますが、普段は「多様性のある意見を！」などと言っています。どっちやねん！

日本は成熟した民主主義の国家です。国民の価値観も多様で、考え方、意見も無限にある。そんななかで政治グループを与野党の2つに分けるのであれば、それぞれの政治グループのなかにかなり幅の広い価値観、考え方、意見がなければ、国民の声を適切に汲み上げることはできません。ですから政党に重要なことは、政策、理念、価値観の「完全一致」ということではなく、さまざまな考え方があることを前提として最後に意見をまとめることなのです。むしろ強い野党になるためには、自民党が有しているくらいの価値観、考え方の幅をもたなければなりません。

野党が今のように、多少の見解の相違を理由にして離合集散を繰り返すならば、野党はおそらく永遠に政権を担うことはできないでしょう。

野党各党がいつまでたっても手を組まないままでは、選挙において野党票が分散し、永遠に政権を取れません。政権を取って権力を握るために、野党各党は最終的には1つの大きなグループを形成する必要があります。ただし、ただちに野党が1つに合併すべきというものではありません。今の段階で野党が1つにまとまると、「野合・談合だ！」という世間からの批判を強烈に浴び、有権者の野党に対する期待は失速し、むしろ反発心だけが膨らんでいくでしょう。

野党各党の人間関係からしても、1つの党にいきなり合併するのは無理です。だから野党各党は、自民党の各派閥のように、政策や考え方の違いを基に権力闘争をとことん相手に仕掛けることによって他の野党を倒していけばいい。しかしいざ自民党と対峙する衆院選の際は、「我らは野党なんだ」という矜持をもって、小選挙区では候補者を一本化する。まさに自民党の派閥のやり方です。

ただし、自民党のように人間関係力を駆使した各派閥の協議によって候補者を一本化することは不可能ですから、「野党間予備選挙」で決着させる（野党間予備選挙については第5章で詳しく述べます）のがベターです。こうすることによって、有権者に対して初めて与野党候補者の二者択一を迫ることができるようになります。野党票が分散しないので、野党候補が勝利する可能性が高まります。そしてこの野党間予備選挙は、公開ディベートを踏まえた多数決に等しい。予備選挙を通じて、各野党間の政策、考え方の違いはだんだんとまとまっていくと思います。

これは各野党が1つの政党にいきなり合併するのではなく、予備選挙を通じて、1つの大きなグループを形成するという話です。野党という大きなグループのなかに、各野党の小さなグループが存在するイメージです。自民党と各派閥の関係と同じようなものです。

自民党に対峙できる強い野党をつくるためには、このプロセスが絶対に必要です。

今振り返ると、僕が維新代表を務めていたときの態度振る舞いについては反省の連続です。当時、メディアからの「政策の不一致だ！」という批判に完全に抗う(あらが)ことができずに、党内の政策の一致にこだわりすぎ、自民党のようにメンバーを膨らませることができませんでした。また、僕は人の好き嫌いが激しく、ちょっと文句を言われたり、裏切られたり、敵対姿勢を取られたりした場合には、烈火のごとく総反撃に出ます。そのことによって、1つのグループにまとまる可能性のあった人たちを遠ざけてしまいました。まさに遠心分離器です。

今僕は民間人なので、好き嫌いに基づいた人間関係の結果、痛い目を見たとしても、最後は自己責任で終わるのですが、野党の代表という立場では単なる自己責任では終わりません。自民党に対峙する野党をつくるという目的は私事ではなく、公に関することです。そうであれば、その目的を達するためには、懐深い態度振る舞いをしなければならなかったのだろうと思います。まあ、今になってそのように思うだけで、実際には性格的にそんな懐深い態度振る舞いなどできないというのが、僕という人間なのでしょうが。

ここは自民党の重鎮政治家に大いに学ばなければなりません。彼ら彼女らは、とにかく懐が深い。少々文句を言われようが、裏切られようが、表面上はウェルカムという態度で人間関係を構築していく。もちろん本気で敵対したときには、とことん権力闘争で追い詰めますが、僕のように何でもかんでも総攻撃という態度は取りません。

野党各党の政治家の皆さんには、ただちに野党を1つの党に合併することはないにせよ、衆院選では、野党グループとして自民党と対峙することを念頭に、懐深い人間関係を築いていただきたいと思います。

「当選」はゴールではない

では、政策や政治信条に違いがありながら、自民党はなぜ分裂しないのか。それは、政権与党である自民党に所属していなければ、自分の考える政策を実現することができないということを非常に重く考えているからです。

自民党の議員にとって、当選することが最終の目的ではありません。彼ら彼女らが考えていることは、当選してからいかに党内で権力を握り、自分の考えに基づいて国を動かしていこうかということに尽きます。

ですから、彼ら彼女らの多くは決して党を離れようとはしません。政権にしがみつくのです。野党に転落するような事態に遭遇すれば、それこそ党内が一致団結して与党に返り咲くべく闘うのです。

1994年には、野党に下っていた自民党はなんと社会党と手を組み、社会党の村山富市さんを首相に担ぐことまでして、権力を奪還したのです。文字通り、権力を奪還するなら何でもあり。自民党恐るべしです。

もちろん、自分の政治的な思い、考えを実現するために権力をもちたいという議員ばかりではありません。政権与党の議員となれば、官僚たちも、業界団体も、他国の政治家も手厚く接してくれます。人だけでなく、金も、権限も、情報も集まってきます。野党議員とは雲泥の差です。何度か野党に下った経験のある自民党の重鎮、中堅議員は皆「そのときの哀れさは、もう二度と味わいたくない」と口にします。

他方で、野党議員は国会議員になることで満足してしまう人が多い。国会議員になれば、生活状況や立場が劇的に向上しますから。そして、むしろ小規模な野党が乱立しているほうが、それぞれの野党幹部にとっても心地がいい。

自民党は1つの政党ですから、役員ポストや幹部ポストなどは、それぞれ1つしかない。そのポストを巡って党内で激しい権力闘争をしなければなりません。ところが野党は複数存在するので、それぞれの党に同じようなポストが存在する。自民党には総裁、幹事長は各1人しかいませんが、野党には、野党の数だけ代表、幹事長がいる。この野党代表、野党幹事長という地位などにある人は、大変心地よいので、このまま野党が複数存在しているほうがいいと感じてしまう。そのような野党議員も実際多いと思います。そのため、野党は1つにまとまろうとする動機が弱いのです。

だから、嫌いな人、合わない相手とは簡単に別れるし、まとまろうとしない。小さな政党をつくり、自分たちさえ当選すればいいとなってしまうのです。要するに野党議員は当選したあと、実際に権力を握ろうとする欲が、自民党議員とは比較にならないほど弱いのです。この点が、まとまる力の決定的な弱さの原因です。

「いつまでも野党でいるわけにはいかない」という必死の姿勢

国政日本維新の会の4つ目の失敗は、④「『いつまでも野党でいるわけにはいかない』という必死さ、粘り強さが欠けていた」ことです。

それだけの執念をもつために必要なことは、権力をもつことの強み、重みを実感することです。有権者の不満や要望を受け止め、それに応えようという責任感や使命感があふれるほどあったとしても、権力をもっていなければ、何1つ達成することができません。是が非でも選挙に勝って与党になる必要があるのです。

野党は国政においてこの権力を実感することはなかなかできませんが、それを実感できる場こそが、地方政治なのです。権力をもって有権者の思いに応えたとき、その達成感からさらなる権力欲が生まれ、「国政においても、何としてでも政権与党になる。いつまでも野党のままでいるわけにはいかない」という執念が燃え上がるのです。

そう考えると、かつての民主党が政権の座にあった頃に幹部だった人たちや、政権運営に携わった人たちは今なお貴重です。たかが3年、されど3年。実際に権力を握り、政権を運営した体験には、多くの学ぶべき点があると思います。ただしその人たちに対しては、民主党の政権運営の酷さから有権者からの反感も強いし、それなりの歳にもなっているので、基本的には次世代を支えるサポート役に回るべきです。ところが立憲民主党には人材がいないのか、民主党政権を担った古株たちが前面に出てきてしまいました。これではフレッシュ感が打ち出せません。

泉代表に替わった立憲民主党は、世代交代したことを有権者に強く訴えるべきです。もちろん新世代メンバーでは知恵や経験が足りないところが多々出てくると思いますが、そういうときにこそ、古株たちが陰からしっかりとサポートすればいいのです。前面に出てくる必要はありません。

また、新人の政治家でも、政党以外の他の組織の権力者だった人も貴重です。なぜなら、権力をもつことの意味をよく知っているからです。逆に、ある程度年数を重ねた政治家であっても、実際に権力を行使したことのない、自称政策通や政治評論家のような人物は、政権を奪取するのにあまり役に立ちません。

いずれにせよ、**政権を取りたい、権力を握りたいという強い欲が必要です。**国政で無理なら、まずは地方から。地方の首長を獲得し、政策を実行することで有権者の支持を集め、議会の勢力も広げていく。地方の首長を勝ち取るためには、その地域において必死の政治活動をしなければならない。国会議員にとっては、自分の選挙区以外の地域での必死の活動が必要になる。場合によっては国会議員自らが首長選挙に挑戦する。それもこれも、「いつまでも野党でいるわけにはいかない」という覚悟をどれだけ強くもつかがすべてです。

立憲民主党にしても維新にしても、各地方における支持者が決定的に少ないわけではありません。しかも支持政党なしという無党派層が全有権者のうち30％以上存在します。そうであれば、野党各党が必死になれば、地方の首長を選挙で勝ち取ることも不可能な話ではありません。全国には約１７００以上の都道府県、市町村があり、その数だけの首長ポストがあります。国政でいきなり政権を取るよりも、1700以上ある自治体のいくつかの首長を取るほうがよほど確率は高いでしょう。

先述したように、現に地域政党大阪維新の会は大阪において首長取りをやってきました。野党が強くなるためには、何が何でも権力をもつのだという気迫と、地方で実際に権力を握って政策を実行する成功体験が必要不可欠だと思います。

ところが、日本維新の会もその他の野党も、首長取りには動かない。それは「野党のままでは死ねない」という覚悟が弱いのでしょう。

以上論じてきた僕の4つの失敗経験を反面教師として、野党各党には頑張ってもらい、二大政党制をぜひ実現してほしいものです。

保守でもリベラルでもない価値観

馬場新体制の維新の課題

2022年8月27日の代表選の結果を踏まえ、日本維新の会は、松井一郎さんから馬場仲幸さんに代表が交代しました。

僕と松井さんという創設メンバー時代から、いよいよ本格的に次のステージへ移行するときがきました。日本維新の会が、二大政党制の一翼を担う存在になっていくことを期待しつつ、ここでは、今は民間人となった僕の目から見た懸念事項を列挙してみたいと思います。これらの点は、他の野党も参考にしてもらいたいところです。

第一の懸念事項は、**「代表が示す目標が低いこと」**です。

代表は組織の道しるべ役です。組織のメンバーが行動を起こすためのモチベーションを高める目標設定こそが代表にとって最重要の仕事です。とくに政党は、口先だけでしゃべっていればいい組織ではありません。政策を実行し、選挙で勝利を得ることが組織の使命であって、それはすべて「行動」が源です。**組織のメンバーが「行動」するためには、メンバーの魂を熱くする目標が必要です。**今、民間経営者の間で流行っているパーパスそのものです。

僕は維新代表時、「大阪都構想」を維新の目標、パーパスに掲げました。大阪では府と市の二重行政の解消が長年の課題でしたが、大阪の政治史上、皆学者的な提案をするだけで、誰も本気で二重行政の解消に取り組む政治を行ったことはありませんでした。

大阪府庁と大阪市役所を一度解体して新しい大阪都庁をつくる。東京では東条英機首相時代の1943年、閣議決定だけで行われた東京府と東京市の二重行政の解消を、民主主義が成熟した現代において、適切なプロセスを踏んでやり遂げる。これは大阪の政治家にとって壮大なロマンです。

たとえ既存の政党をすべて敵に回してでも、新しい政党をつくる。大阪府知事、大阪市長を勝ち取ることはもとより、大阪府議会、大阪市議会でも過半数の議席を制しなければならない。さらに法律改正が必要で、住民投票まで必要になる。考えただけでも頭がクラクラしそうな遠い、遠い道のりです。

しかし、だからこそ維新のメンバーは熱くなったのです。それをやり遂げることによって誰もがやれなかった大阪の二重行政や大阪の課題を抜本的に解決し、大阪を副首都に格上げし、うまくいけば道州制にまでつなげる。この壮大な目標に多くのエネルギッシュな人材が集まってくれて、皆人生をかけて大阪都構想に向けて走ったのです。

僕が辞したあとの松井体制のもとでも、大阪都構想が維新の目標となっていました。2010年に大阪維新の会を結成してから2020年の二度目の住民投票否決に至るまで、この大阪都構想の目標は堅持されました。この目標から維新の組織としての行動エネルギーが生まれ、改革の断行、選挙での勝利につながっていきました。

問題は、二度目の住民投票が否決され、事実上大阪都構想を断念することになって以後、維新の会の目標が不明確になったことです。吉村さん、松井さんが新型コロナ対応に追われることになったので、しばらくは維新の次なる目標が不明確でもやりすごせましたが、馬場新代表が就任した今、維新の次なる目標が必要不可欠となりました。メンバーの魂を熱くする目標、パーパスです。

馬場新代表は、「現在の地方議員約400人を2023年4月の統一地方選挙によって1・5倍の約600人に増やす」という目標を掲げましたが、これでは維新メンバー全体の魂は熱くならないでしょう。今、全国には約3万人の地方議員がいますので、そのうち、わずか約0・6%にあたる200人の議席を獲得するという目標は、あまりにもハードルが低すぎる。これでは維新全体のメンバーの魂が燃え上がるには不十分です。

そもそも維新地方議員約400人のうち約250人は大阪府内の地方議員です。今後も大阪府内の地方議員は、大阪維新の会の看板で増えていくことを考えると、維新国会議員団の力で増やさなければならない数は200人にも満たない。さらに大阪維新の会のメンバーは大阪以外の地方議員が増えることに関心はない。

馬場さんは、政権交代をめざしています。そして、そのために、まずは地方議員の拡大、その次に衆院選で勝利するというプロセスを掲げています。しかし政権交代を果たすのに地方議員を600人に増やすだけ、しかも大阪以外の地方議員の増大数は200人にも及ばずというのでは、まったく不十分であることは誰でもわかることです。

維新国会議員団は、政権交代をめざすための戦略プランを皆で練ったと聞きますが、それが地方議員600人という中間目標の設定につながったというなら、維新国会議員団の戦略性、戦術性、そして実現可能なプロセスの設定力は皆無だと評価されても仕方がありません。民間企業ではあり得ない目標の設定です。

自民党で3400人、立憲民主党で1900人、共産党で2400人の地方議員がいることを考えると、政権交代を果たすためには何人の地方議員をめざすべきなのか、だいたいわかるものです。それすらわからないのであれば、どんな政策を掲げてもそれを実行することなどできません。

維新国会議員団の今般の目標の立て方は、社会を変革させる政治家のやり方ではありません。これまでの国政選挙での得票数、得票率を前提に、実現可能な数値を出しただけでしょう。このやり方は僕が大阪府知事や大阪市長のときに、役所組織にダメ出しをした目標設定のやり方です。

役所組織は、達成できる目標数値しか出してきません。そもそも当初は数値を出すことすら嫌がっていました。それは数値を出してしまうと、達成不可のときに責任問題が生じてしまうからです。ですから役所組織は数値を出すにしても、絶対に達成可能な数字を出そうとするのです。これでは現状を変えることはできない。

そこで役所内で大激論をしながら、まずどういう社会にすべきかを設定し、そのために必要な数値を目標としました。達成できない場合には、その理由を確認し、単純な責任問題にしないことも明確化しました。

できる数値を出してくるのが役所組織。それを改めるのが政治家の役割です。維新国会議員団は完全に役所組織化しています。

維新国会議員団のなかでは政権交代ということに対して盛り上がっているようですが、政権交代を果たしたあといったい何をするのか。その部分で、国会議員以外の維新メンバーの魂も熱く揺さぶることが馬場新代表の最重要任務です。

そして政権交代を果たすためのロードマップを描く。たとえそれがハードルの高いものであっても、メンバーの魂を熱くするものであれば皆必死で挑戦します。その挑戦が組織のエネルギーを生んでいくのです。維新国会議員団には大阪都構想のロードマップのつくり方を学び直してほしい。

政治とは、究極的には国民全体へメッセージを発し、そこへ向けてモチベートすることです。日本社会をどう変えるのか。どのような行動をとるのか。そのためのロードマップはどのようなもので、中間目標の数値はどのようなものなのか。高いハードルの設定であっても、政党メンバーや有権者が、「挑戦すれば実現できるんだ」と魂を熱くする目標を設定することが、馬場新代表が行うべき急務の仕事です。

実現可能な地方議員獲得数を目標にするくらいなら、大阪府外の首長獲得数を目標にする方が、まだましでしょう。

「改革政党」の色を強く出す

馬場新体制への2つ目の懸念事項は**「自らの改革へのこだわりが弱いこと」**です。

維新国会議員団のなかには、大阪維新の会の地方議員出身の人もいます。しかし、堺市議会議員だった馬場新代表を含めて、大阪維新の会地方議員出身の古株国会議員たちは12年に初当選しているので、僕と松井さんが大阪市長、大阪府知事を務め、府市でダイナミックに大阪の改革を進めていった時期には、すでに大阪の地方議員ではなくなっていました。

国会にいるのと、大阪の地方議会にいるのとでは、大阪改革の経験がまったく異なります。改革は、細かなところまで見逃さない徹底さが必要不可欠です。大阪府市はそれを実践してきました。ところが、改革の徹底さを体験していない維新国会議員団の改革マインドは弱いため、大阪以外の有権者には維新が改革者であるというイメージが強く伝わっていないところがあります。

これは、僕が代表であった時代に、国会議員団の改革まで丁寧にやらなかった責任もあります。大阪都構想の推進と大阪の改革で手いっぱいになり、国会議員団のことは国会議員団に任せすぎていました。

たとえば、国会議員は年間2000万円を超える報酬以外に、月額100万円の調査研究広報滞在費（旧・文通費）という経費名目の事実上のお小遣いをもらっています。ここに領収書を添付して公開することまでは維新国会議員団は決めましたが、使用目的については厳格なルールを設けませんでした。なぜ税金で国会議員活動の経費を賄うのか。ここを深く考えるのが政治家として大変重要なのに、その形跡がない。

とくに国会議員の活動については、全国民の負担は1人あたり250円で計算され、総額300億円を超える政党公付金が、各政党に配分されています。維新でも約30億円近い額になると聞いています。さらに政治献金やパーティー券売り上げの政治資金、さらには立法事務費もあります。これには税がまったくかかりません。税がかからないという超特大級のメリットを国会議員はあまり考えたことがないようです。

国会議員は、調査研究広報滞在費、政党交付金、政治資金、立法事務費など、これだけ多額の金を受け取れる。僕から見れば、二重、三重の補助金です。大阪府市政改革では真っ先にメスを入れる分野です。

ちょっと考えればわかります。自分たちで集め、支持者からいただく政治資金やそれを代替する政党交付金は、政治家の政治活動に自由にあてればいい。選挙で当選するためにも、後援会活動にも使えばいいんです。しかし、調査研究広報滞在費は純然たる税金です。それは国会議員が日本の三権である立法府のメンバーであることから、立法府を維持するために必要不可欠なものとして認められた経費です。役所や裁判所を維持する経費と同じです。その政党や政治家を支持するかどうかに関係なく、国民が負担しなければならない経費です。

であれば、調査研究広報滞在費の使用目的は自ずと決まってきます。自分の当選や自分の支持者向けに使うことはご法度。あくまでも党に関係なく、立法府の一員として立法活動の経費として使うべきです。

地方から出てきて東京で生活しなければならない国会議員は、地元と二重の生活費がかかってしまいますから、東京での生活費にも使えるでしょう。商社の海外駐在員に対する生活補助費と同じです。国会活動に必要な東京でのスタッフ経費などにも使えるでしょう。もちろん法律をつくるための調査活動にも使えます。

しかし、これまでのように、飲食費、選挙のときの経費、支持者を拡大するための広報費、後援会活動費、地元の事務所費などに使うのはダメ。この結論は簡単に出てくるはずですが、それが維新国会議員ではそうなりません。それは、大阪府市政での徹底した補助金改革を経験しておらず、改革のイロハを理解していないからだと思います。

いきなり国会議員になった人たちが集まった会議の様子をインターネットで見たときには、びっくりしました。「議員活動にはお金がかかる。人件費がかかる。だから額はできる限り多いほうがいい」「自民党はまったく制限していないので、維新だけ制限すると選挙のときに不利になる」「維新の党勢拡大にはお金は必要だ」……。こんな議論を、大阪府知事室、大阪市長室において僕の目の前で言ったら、即却下。お金がかかる、お金がほしいというのは、国民全員の誰もが言うこと。それを全部聞いていたら政治行政なんてできない。だから理屈にこだわって優先順位を決めていく。これが改革なんです。

大阪府市政では、10万円、いや1万円単位で、厳しく補助金や人件費の見直しを徹底しました。削減されるほうは、必死になってその必要性、削減の不当性を主張しますが、僕はその声を論理でもって却下しまくりました。その結果、今の大阪がある、維新がある。

維新国会議員はその苦労をまったく知らない。大阪府市民に対して、あそこまで補助金の見直しをやり、府庁市役所職員の人件費を削ったのに、国会議員の「金がかかるから削減は嫌だ」なんてふざけた主張を認めていたら、府市民、職員に申し訳が立たない。

事務所の運営費に金がかかるなら、何か工夫はできないのか。国会議員同士での共同運営はできないのか。地元事務所についても地元地方議員との共同運営はできないのか。大阪府市政では徹底的に二重行政を解消し、さまざまな組織や施設を統合しました。府立大学と市立大学までも統合したのです。維新内の地元地方議員とその地域出身の国会議員の事務所くらい統合運営ができないのか。それくらいの知恵と工夫ができない国会議員に日本の大改革などできません。

馬場新代表体制でも身を切る改革をアピールしています。しかしそれも基本的には、これまでやってきたことの延長のみ。僕や松井さんの創設者時代の改革を、そのまま継続するようでは、いつまでたってもスタートアップの域を出ることはできません。

維新に集まってくる約30億円の活動費は税金が財源です。政治献金などの政治資金は税金そのものではありませんが、完全非課税、ノータックスです。非課税は見えない補助金と同じです。そうであれば、これら活動費や政治資金については、使い方に関して完全透明化をはかるべきです。

ところが、調査研究広報滞在費については領収書の公開をアピールするのに、政治資金のうちの活動費、それも数千万円分については公開できない金もあるとして、領収書を公開しません。こういう中途半端な姿勢だと、有権者に改革の熱意が伝わりません。相手に伝えるというのは、1万伝えてやっと1伝わる、というような話で、とことん徹底してやらなければならないのです。少しでも手を抜けば伝わらない。

馬場新代表には、僕がやり残した党改革を徹底してやり抜き、創設者時代を超える改革政党の色を出してもらいたいと思います。

「地位の固定化」が日本を衰退させる

第三の懸念事項は「**党内の地位・人材の流動性の欠如**」です。

維新は既得権の打破に最大限こだわっていました。政治行政から特権的に利益を受けている人たちや団体に対して改革を迫っていったのが維新の最大の特色です。この過程で大バトルとなり、利益を奪われそうになった人たちは、反橋下、反維新の主張を明確にして、選挙の際には維新の敵方を必死に応援するようになりました。現代版大阪の陣です。

政権与党は票を意識して、誰とも敵にならないように、なあなあの政治をします。だから既得権を打破することができません。しかし維新は、たとえ既得権を守りたい人たちからの票を失ったとしても改革を断行するという強い意志で、大阪の陣を戦い、選挙を制することによって改革を断行し、勢力を拡大してきました。

既得権というのはある意味、「地位」です。維新は地位によって利益を受けることをもっとも嫌がっていました。業界団体の地位、地域団体の地位、公務員の地位……。公務員の地位にメスを入れることに一番力を注入したのが維新でしょう。

公務員は政策が失敗しても責任を取らない、財政が火の車でも給料は1円も下がらない、人事評価は甘々、業務によっては民間平均よりもはるかに給料が高く、年功序列で仕事の成果にかかわらず給料が上がり、最後は天下りしていく……。

もちろん、必死で頑張ってくれている公務員はたくさんいますし、そもそも政策を実行できるのは優秀な公務員のおかげです。命をかけて市民・国民を守ってくれる公務員もいます。だからこそ、誰でも彼でも同じように〝地位化〟することはおかしい。きちんと人事で評価し、給料にも差をつけるべきだ。これこそ、僕が代表を務めていた頃の維新の政治信条で、これに沿って徹底した公務員改革を断行しました。僕は大阪府知事として初めて職員組合との直接交渉に乗り出し、2つの組合と徹夜の交渉をやりました。

ここまで既得権益打破、地位による特権の改革にこだわっていたのに、維新は国会議員の地位にはまったく触れないのです。僕が代表だった時代の改革不足に対する責任は認めます。だからこそ、新しい維新に維新自らの改革を断行してほしいのです。まずは自分たちの地位改革です。

「重複立候補制度」は最悪

1994年に、政権交代可能な二大政党制をめざして小選挙区制が導入されましたが、これだと1つの選挙区で1人しか当選しないので小政党は議席を得られなくなります。そこで比例代表制を組み入れました。

小選挙区は勝つか負けるかの二択ですが、比例代表制は、小選挙区で勝てなくても、政党の得票数に応じて一定の議席の配分が受けられる制度です。

比例代表制が一部組み入れられたことで小政党が生き残り、二大政党に収斂されなくなりました。序章で述べたように、僕は国政の衆院選においては、小選挙区制のみにして、強制的に二大政党制に近づけるべきだという持論ですが、この点については賛否両論あり、いきなり比例代表制がなくなることはないでしょう。与党に入っている公明党は比例代表制がなければ国政では消滅してしまいます。意地でも比例代表制を維持するでしょうから。

したがって、この一部比例代表制の存在を前提としたとしても、**日本の選挙制度で最悪なのは重複立候補制度です。**重複立候補制度とは、小選挙区に立候補した人が、比例代表制の名簿にも名前を載せることができるというものです。このことによって、小選挙区で落選した人が、党の集票率が高い場合に復活当選する。**「落選したのに復活する」という有権者からするとまったく意味のわからない結果です。これは完全に国会議員の地位を守るためのものです。**

本来、比例代表制は、女性候補者を多く当選させたり、障がいのある候補者、地方の候補者を優先して当選させたりするなど、政党が組織の色を出すためにフルに活用すべきものですが、結局は小選挙区で立候補する人のための「保険」として使われています。この重複立候補をただちにやめるべきです。

「小選挙区は候補者個人の政治活動が重要な選挙」「比例代表は組織の看板が重要な選挙」と分ければ、当選後は小選挙区当選者と比例代表当選者の間で扱いに区別があってしかるべきです。役職としての上下の区別ではなく、小選挙区で当選した人に活動費が多く交付されるくらいのことは当然のことです。

この点を松井さんと話したことがありますが、松井さんは、重複立候補を認めなければ選挙で勝てる候補者が出てこないといいます。保険がなければ、小選挙区に誰も立候補しないというのです。

しかし、そうでしょうか。保険がなければ立候補しないという人材では、日本を前進させるだけの馬力をもたないのではないでしょうか。保険がなくても、立候補する人材を集めることが、野党を、維新を強くする源だと僕は思います。創設当初の維新には、「保険」が担保されていなくても熱いメンバーが多く集まってくれました。それは僕が掲げた大阪都構想に、多くの人の魂が揺さぶられたのだと自負しています。

それが今や、保険がなければ、お金がなければ人が集まらないというのは、維新の目標、パーパスが魂を揺さぶるものになっていないからでしょう。仮に小選挙区で落選しても、民間でいくらでも仕事はあるという、そんな魅力的な人材が集まる政党になるべきです。

「回転ドア方式」で人材を入れ替える

維新は、政策の柱として「人材の流動性」を掲げています。

地位が固定化することが日本の活力を奪っている最大の原因だ、と。地位が固定化し古株たちが今の椅子を占領してしまうと、新しい優秀な人材が活用されなくなる。だから、人材を流動化し、古株には別のところに移ってもらい、新しい人材をどんどん入れていく。こういう雇用市場の流動化を訴えています。

また公務員から民間に、民間から公務員に、議員から民間に、民間から議員にとクルクル人材が回ることも含み、「回転ドア方式」といい、こうすることで多様な経験をした人材が増え、視野の広い思考をもつ人材が育っていくと言っています。

維新は、このことを結党以来ずっと主張してきているのですが、もっとも人材の流動性がない分野が国会議員なのです。本来の維新の考えで行けば、地方議員から国会議員へ、そして国会議員からさらに首長かまた地方議員へ。さらにはいったん民間に戻って、また議員の世界へ。などと議員人材はクルクル回っていくはずなのに、国会議員は一度その地位を手中に収めると手放す気配はまったくありません。

今の大阪維新の会には、大阪府市政改革を経験した人材がたくさん集まっています。大阪政治の与党議員として大阪改革を実体験した人が国会に行き、そして国会議員の経験を積んでからまた地方議員に戻るか、首長で政策を実行していく。そのようなことが大阪維新の会を通じて可能であるにもかかわらず、日本維新の会の国会議員が席を譲らないので、新しい人材が国会議員になることがなかなかできない状況です。

政治家は同一ポジションで10年もやれば十分。長くても15年でしょう。それ以上になれば次の人材にバトンタッチすべきです。そういうと、経験のある人から「政治は経験がないとできない！」という反論が出てくるでしょう。ですから経験のある人は、経験のない人に知恵を授け、うしろからしっかりとサポートしてあげればいいのです。このようなことは国会議員の地位をもち続けなくてもできます。

たしかに国会議員になるためには、地元での地道な政治活動を積み重ね、大変な苦労を伴います。選挙で勝つのは本当に大変。だから選挙で当選した以上、このポジションはずっと自分がもっておきたい。そういう気持ちはわからないでもないのですが、これは維新がずっと批判してきた既得権益者と同じ発想です。

僕は8年で政治家を引退しましたが、そこから維新は大きく変わりました。松井さんと吉村さんのタッグで、僕の悪い部分を修正し、古株も引退したことから、僕の頃の新人たちが主力級に育ってきています。松井さん引退後の大阪市長候補には、このような人材が立候補してくるでしょう。大阪維新の会の地方議員団も世代交代が進んでいます。そして、知恵と経験については、僕と一緒に大阪維新の会を立ち上げ、今や古株となったメンバーがうしろからサポートする。これが人材の流動性の効果です。

小選挙区で議席を維持するには大変な労力が必要です。しかしそれだけの労力をかけて維新支持層を増やしたあとに、次の世代の人材にその環境を引き渡していく。これこそが「次世代のために」を標榜(ひょうぼう)する維新の姿だと思うのですが、維新国会議員は「自分のために」議員の地位を保持するという自民党的な匂いを発しているのでは、と僕は感じています。

次世代の維新メンバーのために、どれだけ自分が汗をかき、自分の人生を削ることができるか。それができない人が、次世代の国民のために自分の人生をかけて働くことなどできないでしょう。

　小選挙区と比例代表の重複立候補を禁止し、国会議員に10年から15年の任期制を導入する。任期を終えた国会議員は地方議員か首長か民間に移動することを選択する。国会議員の地位がなくても次世代のメンバーをしっかりサポートする。こうすることで、維新には国会議員を経験したメンバーがどんどん増えてきます。

　あるとき松井さんに、①維新国会議員の任期制、②比例代表制との重複立候補の禁止、③維新国会議員が大阪以外の首長選に挑戦すること、④維新地方議員、維新国会議員、民間、首長の回転ドア方式など、僕ら創設メンバー時代にできなかった大胆な改革を、馬場新体制でできないものか聞いてみました。

　松井さんは「でけへん、でけへん。そんな覚悟のあるやつはおらん」と笑って答えていましたが、維新国会議員団に僕ら創設メンバーのステージを超える強力な改革・挑戦を断行してもらいたいものです。

　日本社会において人材の流動性、雇用市場の流動化、回転ドア方式はなかなか進みません。それは現在の地位を守りたい人たちが猛烈に抵抗しているからです。そこを突破して日本を活性化させようというのが維新の政治理念の柱。そうであれば、まずは維新国会議員団の人材の流動性を実行しなければなりません。そうでなければ口だけ政治の域を出ません。

「ファッション保守」が日本をダメにする

4つ目の懸念は、**「維新は『ファッション保守』化していないか」**という点です。

僕が政治の世界に身を置いたのは8年という期間ですが、それでも政治家の特性というものを間近で見ることができたのは、大変勉強になりました。

政治家の特性にはいろいろありますが、そのなかで顕著な例として、そして日本の前進を阻んでいるものとして挙げられるのが「かたちだけの保守」だと痛感しました。「保守」というものについて、あまり深く考えていない政治家が多すぎて、僕は彼ら彼女らのことを「ファッション保守」と腹のなかで感じていました。

政治家には、やたらと「国家は」「日本という国柄は」「日本人は」「家族は」「天皇陛下は」という話をしたがる人が山ほどいます。石原さんと組んだときの石原さんのグループにも「国家観が」と言う人がたくさんいました。

こういう人たちの主張の共通点は、

・天皇陛下が日本の国にとって最重要の存在
・皇位継承は男系男子が絶対といって、皇位継承者が次第に少なくなっている現状に対して手を打たない
・日の丸、君が代への敬意は最重要　・家族が中心　・男女の役割分担は重要
・子供はお母さんが家で育てるもの　・戸籍は重要
・選択的夫婦別姓、同性婚には後ろ向き　・日本国籍者による国家であるべき
・移民受け入れに反対といいながら、人口減少には手を打たない
・靖国参拝は重要といいながら、首相、陛下の参拝がないことには何も手を打たない
・東京裁判は無効　・太平洋戦争は日本の自衛戦争
・防衛力の強化　・憲法改正

このあたりの主張がワンパッケージになっていることが多いようです。

維新のメンバーにもそういう人が多かった。しかし、国家というもの、すなわち権力機構や権力について考える際にもっとも重要な「憲法」についてきちんと勉強している人が極端に少なかった。もちろん法律家レベルに勉強する必要はありませんが、**政治家には最低限の憲法の知識は必要です。**

僕が代表のとき、一度維新メンバー相手に憲法の講義をやったことがあります。というのも、維新のメンバーには「憲法改正！」と声を上げる人が多かったのですが、その主張があまりにもひどすぎた。日本の国柄を憲法に書き込むべき、天皇陛下の大切さや家族の大切さを書き込むべきという意見が非常に多かった。

僕は、「憲法は国民に対してのルールではありませんよ。権力者に対してのルールですよ。しかも憲法は情緒的な物語ではなく、権力を適切に行使するための道具ですよ」という話をしたのですが、当時は皆、橋下は何を言っているんだ？ という状態でした。この人たちが憲法改正を議論するなんて恐ろしすぎると感じたものです。

その後、維新国会議員とのかかわりも少なくなってしまったので、彼ら彼女らがどこまで憲法を深く理解するようになったのかわかりませんが、最近、維新国会議員団がいわゆる「保守」の人たちの支持を得るために緊急事態条項の創設などを訴えていることには危険性を感じています。

ロシアによるウクライナ侵攻に関しての維新国会議員団やその他の国会議員たちの主張を聞くと、それはそれは威勢がいい。こういう国会議員たちに人権を制約できる憲法上の緊急事態条項を与えてしまうと、有事のときに若い男たちを国にとどめて徴兵するのではないか。一般市民の国外脱出を阻むのではないか。自分たちは安全なところにいながら、一般市民の犠牲はやむなしという威勢のいい戦争指導をするのではないか——。そんな懸念があふれ出てきます。全国会議員に、憲法について深く勉強してもらいたいものです。

憲法について建設的に議論せよ

そして天皇陛下について。

戦後生まれの僕らの世代は、天皇陛下について特段の教育を受けたわけでありません。

他方、国民は皆平等という日本国憲法の価値を嫌というほど教えられました。小中高と普通の勉強をして大人になれば、天皇陛下の存在と日本国憲法の価値の矛盾に気づくはずなのです。そして考えれば考えるほど悩むはずです。

大学にでも行って自由な時間が与えられれば、こうしたことが友人間で議論になるかもしれません。「おいおい橋下、そんな面倒な話なんか大学でするかよ！」という反論を受けそうですが、たしかにみんながみんなこんな議論をする必要はありません。しかし政治家になろうとする人は、この議論抜きに政治家になってもらっては困ります。

僕は司法試験の受験に際して憲法について突っ込んで勉強したので、ますます天皇陛下の存在と憲法の価値の矛盾をどうとらえ、それをどう乗り越えるべきなのか、かなり深く考えた思い出があります。これこそが国家観の形成です。

僕は自分なりの結論を出しましたし、政治家になってから立法・行政・司法という国家権力と天皇陛下の関係を実体験したので、自分の考えをさらに整理することができました。ところが、維新国会議員の多くにこの悩みを乗り越えた様子はありません。「なんとなく天皇陛下万歳」の雰囲気を感じてしまいました。

だから、2022年9月に安倍さんの国葬が執り行われる際も、国葬とは何ぞや、天皇の国事行為に基づく儀式とは何ぞや、さらに大喪の礼と安倍さんの国葬との関係などの議論もなく、維新国会議員団は国葬に賛成しました。象徴天皇制について深く考えたことがないからでしょう。これは自民党も他の野党も同じです。

野党の批判といえば、「法的根拠がない」「国会の議決がない」「税金を使うな」といったしょぼいものばかり。「象徴天皇制の日本という国の国葬とは何ぞや」「その儀式の中身はどんなものか」という、まさに国家観に基づく議論が政治家の間でまったく欠けているのは、憲法における象徴天皇制についての深い考察がない証しです。

そういう国会議員が、普段、何かと天皇陛下に配慮する言葉を発するのは、いかにも自分は日本という国家のことを大切に考えているんだということを示したいだけの「ファッション保守」としか思えません。

僕は大阪市長のときに、自民党のある市議会議員から、「市長席から立って演壇に向かうとき、そして演壇から市長席に戻るときに、演壇横に置かれている国旗日の丸に毎回最敬礼をすべきだ」と言われたことがあります。議会における市長答弁は多いときで1日に100はあります。1つの答弁をするたびに二度も日の丸に最敬礼。市長だけで1日に200回！！！

歴代の大阪市長はずっとこれをやってきました。加えて質問に立つ市議会議員も答弁に立つ市役所職員もこれをやり、およそ一般社会とはかけ離れた時間の使い方をするこんな議会の儀式に誰も異議を唱えない。この時間にも人件費として税金が浪費されていることに気づかない大阪市の政治行政に対して、「こりゃダメだな」と感じました。

保守を自認する人たちが重視する日の丸への最敬礼という儀式がファッション化しています。僕は1日の最初と最後に一度ずつ最敬礼はするが、それで十分だと主張し、答弁に立つたびの毎回の最敬礼を止めました。

「ファッション保守」の人たちは、保守はこういう主張をすべきだ！　という決めつけの思考なので、その主張自体の合理性、理由を深く考えません。ゆえに、「自分は保守であるという姿勢」を示すことが第一優先順位になって、日本社会の課題を解決しようという気概が非常に乏しいのです。

日本が少子高齢化時代に突入して久しく、ここで移民の力をどう活用するかは国家課題です。ところが、「ファッション保守」の政治家は、日本の国は日本人のみによって構成されるべきという思考が強いのか、移民政策を完全否定します。

外国人を受け入れていくということは、単に人口を増やす話だけにとどまりません。これによって多様な人材が集まる社会となり、そこからイノベーションが生まれたり、悪しき慣習が是正されたりするメカニズムを「ファッション保守」の政治家は理解していません。外国人が集まるようなオフィスで働いたことがなく、いつも同じ顔触れで、旧態依然としたやり方を踏襲し、イノベーションからもっともかけ離れた国会という場で仕事をしている「ファッション保守」の国会議員たちには、外国人の力の重要性が理解できないのでしょう。

優秀な外国人には日本へどんどん来てもらわなければなりません。移民政策に反対している余裕などないのです。今の日本は「ファッション保守」の政治家によって、移民政策に反対しながら、中途半端な技能実習制度や特定技能制度で乗り切ろうとしている。こんな人権無視の制度で優秀な外国人が日本にどんどん来てくれるはずがありません。

移民制度を真正面から議論しルールをつくっていくのが、次世代の日本を考える政治家の重要な仕事の1つだと思いますが、「保守」というものに縛られてしまうと、移民制度は完全反対というところで議論が止まってしまいます。馬場新体制の維新にもその懸念があります。

前時代的な「戸籍制度」を改める

今の戸籍制度は、江戸時代の家族の姿を前提に明治時代につくられた、いわゆる壬申(じんしん)戸籍が起源です。日本が戦争に負け、戸主制度は解体されましたが、戸主の名残として戸籍筆頭者というものを置きました。

その後、平成、令和と時代は移ってきています。今の現役世代の結婚観、家族観はどういうものでしょうか。まだ戸主の名残である戸籍筆頭者を置く必要があるでしょうか。家というものを強く意識し、一方が他方の戸籍に入るという仕組みを継続する必要があるでしょうか。

僕の認識では家制度、戸主制度、戸籍筆頭者という時代の変遷を経て、現代においてはいよいよ男女の個人同士が対等に新しい家族を形成するという結婚観、家族観になってきていると思います。どちらかが、他方の家に入るのではない。自分たちが家族をつくる意識です。そうだとすると、姓（苗字）も一方当事者の戸籍筆頭者のものを自動的に継承するのではなく、継承するか、それぞれ自分の姓（苗字）を使うのか自分たちで決めていく。スタートアップと同じです。

家を重視し戸籍筆頭者の姓に合わせるもよし、夫婦それぞれが別々の姓を名乗るのもよし。新しい家族をつくることをスタートアップととらえると、明治時代の壬申戸籍を起源とする今の戸籍制度は古過ぎます。戸籍なんてしょせん登録簿なわけですから、効率のいい登録簿に変えればいい。

これからの時代は家管理ではなく個人管理です。そうなるとマイナンバーを通じて戸籍制度と住民票制度を合体できるのです。現在、戸籍制度は法務省管理、住民票制度は総務省管理となっていますが、この巨大な2つの制度・システムを合体すれば、実に効率がよくなり、全国の市町村役場の戸籍係、住民票係を統合、デジタル化することによって巨額の人件費を抑制できます。しかも社会のデジタル化を強烈に推し進めることになるでしょう。

マイナンバーを軸とした個人管理のシステムになれば、結婚後の姓については、夫婦同一にするか、夫婦別姓にするかは自動的に選択制となります。もちろん現在の戸籍にかかわる情報は新システムに移行します。親子関係や婚姻関係の記録などはしっかりと記録していきます。ただし差別につながる出生地情報は不要でしょう。

出生地情報は日本国籍を付与する際に一度必要になるだけで、その後使用されることはありませんから、役所が日本国籍を付与する際に出生地を確認すれば十分で、その後新システムに出生地を記録する必要はありません。

マイナンバーシステムを軸に、戸籍制度と外国人も登録される住民票制度を統合した新システムになれば、そこに国籍を記録することになります。「ファッション保守」の人たちは「戸籍こそが日本人の証し！」といい、現行の戸籍制度を死守すべきだと考えているようですが、戸籍など単なる管理簿。個人単位の新システムに移行しても、これまで戸籍に掲載されていた必要な情報をきちんと記録すれば何の問題もありません。

これまで日本社会では、「差別を許すな！」という掛け声のもとにさまざまな取り組みをやってきており、一定の効果があったのかもしれませんが、根源的な差別解消方法は、新システムに移行し、第三者の閲覧可能性がある戸籍の出生地情報をなくすことです。

　僕は大阪府知事、市長時代に、できる限り差別がなくなるように、不当な第三者閲覧を防ぐ行政システムを発足させましたが、最後はこの戸籍の出生地情報をなくすしかないし、それができれば差別は根源的になくなると確信しました。しかし、維新国会議員団でそのような議論がなされた形跡はありません。むしろ「戸籍は日本の国にとって必要不可欠！」という主張があるくらいです。

　これは戸籍というものが単なる登録簿であるという実態を見抜いていない証しです。重要なのは戸籍という登録簿の型式ではなく、そこに記載される情報がどのようなものか、なのです。

　国籍情報は必要ですが、出生地情報は不要です。親子関係などの続柄（つづきがら）情報や、婚姻情報も必要でしょうが、それは今の戸籍制度でなくても、マイナンバーを通じて住民票制度と合体させた新システムにおいてきっちり記録することができます。単なる管理システムの構築の仕方の話です。ところが現在の戸籍を守ることこそが、日本という国を守ること、家族を守ることになると主張する「ファッション保守」の政治家がいかに多いことか。頭がクラクラします。

天皇の皇位継承についても「絶対に男系男子だ！」という保守派の人たちの気持ちはわかるのですが、それで本当に皇室を守ることができるのか。自称保守の政治家は、この難題に取り組むことで男系男子に固執する支持層から反発を食らうことを避け、悠仁様のときにまた考えればいいと問題の先送りです。

今から、皇室をしっかり守るためにはどうすればいいのかを議論し、制度を考えておく。これが政治家の使命のはずですが、日本の国会議員は批判を恐れて先送りです。皇室を守る！　と保守的な主張をしながら、結局、皇室の先細りを放置している。旧宮家の男系男子を皇室に養子縁組する案が出ていますが、養子縁組は強制できません。それができなかった場合の方策まで考えるのが政治の役割です。保守を自称する人たちは、最悪の事態に備えて防衛力を強化せよ！　と主張するのに、皇位継承の話は最悪の事態に備えない。

イギリス王室では、２０１３年に男子優先から長子優先に変わりました。イギリスはきっちりと議論をしています。だから王室がしっかりと維持されている。スキャンダルにもさらされますが、22年9月19日に行われたエリザベス女王の国葬を見る限り、イギリスは王室を国家の背骨と考えていることを強く感じます。

他方、日本は深い考察もせずに、いっときの感情によって国葬を決めてしまい、国葬に相応しい儀式はどういうものかについては誰も考えない。保守派の人たちがとにかく国葬といいたいだけで中身については知らん顔。

さらに少子化対策として、日本社会における結婚観を変えていく必要があるかもしれません。一生をがちがちに縛られる結婚には若い世代は拒否感があるかもしれない。もっと結婚・離婚を自由にできるほうがいいのではないか。その代わり子供は社会がしっかりと育て、守っていく。男女の組み合わせがよくなければ、苦労してでも一緒に子供を育てようという気持ちにもならないでしょう。しかし若い頃の一度の結婚で、ベストな組み合わせになるのはなかなか難しいもの。実際、夫婦の約3割は離婚に至りますが、どうせ離婚するなら早いほうが、次の結婚のチャンスが生まれやすい。

そもそも法律婚という制度を重視する感覚もなくなってくるかもしれない。事実婚であったとしても社会がしっかりサポートする制度ができれば十分だと思います。結婚すれば相手の家に入る。そしてパートナーだけでなくパートナーの親兄弟にも尽くす。そんな根性論的な結婚を望む令和の若者はますます少なくなっていくでしょう。結婚・離婚をもっと自由にする。結婚はあくまでも当事者同士の新しい家族の形成。そんな社会的風潮にしていくためには、家族単位で、しかも筆頭者などが存在する今の戸籍制度は百害あって一利なしです。個人管理のマイナンバー制度に一本化していくべきなのです。

このような今の社会を大々的に変える政治ができないのは、政治家が「保守」の呪縛に絡められているからです。しかも、その保守とは何ぞやという考察がほとんどない。保守とはこういう態度振る舞い、主張をするものだ、という雰囲気に流されているだけ。**この「ファッション保守」こそが日本の前進を阻んでいます。**

保守を全否定するわけではありませんが、それを自民党が全面的に打ち出すのであれば、野党は令和以後の時代を見据えて、新しい価値観を打ち出すべきです。それはこれまでのリベラルや革新とも違います。

社会の課題に対して合理的な解決策を講じていく。目の前で厳しい反発を受けたとしても、選挙を恐れず、将来世代のために必要な改革を断行する。そこに保守やリベラルというイデオロギーは関係ない。これこそが「維新スピリッツ」だと思います。この点はのちに述べます。

馬場新体制においては、くれぐれも「ファッション保守化」することだけは避けてもらいたいものです。

永田町感覚は国民に共感されない

そして、馬場新体制への5つ目の懸念は、「永田町の感覚に染まりすぎていないか」という点です。

維新国会議員団は21年の衆院選、22年の参院選で飛躍したとはいえ、まだまだ弱小野党です。

野党の立場は辛いものです。いろいろな政策提案をしてもそれが実現することはまずありません。ですから、必然、首相・閣僚のスキャンダル追及や政権与党案に対する徹底反対運動に走ってしまいがちです。維新はそういうこれまでの野党の態度振る舞いを批判しており、ゆえに野党の成果として、政権与党案を修正したり、付帯決議を入れたり、政権与党との協議会を設置したりしたことを誇らしく主張します。

しかし、残念ながらそのような成果は、永田町のなかでは評価されても、政権を奪取するために必要な日本全国からの熱烈な支持につながることにはなりません。ある意味、野党の自己満足です。

やはり有権者は政策を体感して、初めてその政党を評価することになります。ですから馬場新体制は、これまでの永田町感覚での成果よりも、有権者に維新の政策を体感させる成果を重視してほしい。

そのためには、これまで繰り返し論じてきましたが、まずは地方において首長を取り、維新政治を有権者に体感してもらうのです。まさに大阪のように。

馬場新体制は、石川県知事選挙や長崎県知事選挙に関与し、特定候補者を推薦し、応援しました。そしてその候補者は勝利しました。しかし、ここで満足してしまっては、従来の永田町の感覚そのものです。

選挙の勝ち馬に乗って、勝利することは永田町での成果になるのかもしれませんが、有権者は評価してくれません。首長を取ることは手段であって、その後、維新政治を実行しなければなりません。

石川県政や長崎県政が維新政治を実行し、それが有権者の強烈な維新支持につながっていると評価できる現状ではありません。選挙の勝ち馬に乗って、あとは放ったらかしになっているのです。

馬場新体制においては、単なる選挙ゲームとして地方の首長候補者を支持・応援するのではなく、維新政治を実行するための首長候補を擁立し、死力を尽くして当選させてほしい。そして当選後も、党をあげてしっかりとその地域で維新政治を実行するところまで責任をもってほしい。勝ち馬に乗った候補者が当選したことだけで祝勝会を行うのは、永田町の感覚に染まった従来の自民党政治と何ら変わりません。

自民党との対立軸

「維新スピリッツ」の3つの要素

馬場新代表もよく「維新スピリッツ」という言葉を口にしますが、維新メンバーでその意味を共有しているのか不明です。現在、民間企業で流行っているパーパス経営に近いものをやろうとしているのでしょうが、パーパス自体を明確にせずに維新スピリッツという言葉だけが躍っている状態ではないでしょうか。

まずは組織内で維新スピリッツを定義づけなければなりません。本来はここに膨大なエネルギーを注入しなければなりませんが、おそらくそのようなことはやっていないと思います。ですから、維新メンバーに「維新スピリッツとは?」と尋ねれば、答えられないか、バラバラな答えが返ってくるでしょう。

僕が代表を務めていた頃からの維新メンバーは、改革を断行すること、身を切る改革を徹底することが「維新らしい」ということはおぼろげに理解しているはずです。しかし、それが僕の考える維新スピリッツのすべてというわけではありません。

僕が代表のときに、維新スピリッツを定義する作業をやればよかったのでしょうが、当時はその必要はないと判断したし、時間的余裕もありませんでした。財政再建に、次から次へと対応しなければならない改革の連続、そして大阪都構想、そのための国政政党の結成、選挙に次ぐ選挙……。

維新としてやるべきこと、挑まなければならないことがどんどん出てくるので、それに対応することに必死になっていました。そしてなんといっても「大阪都構想」という大目標があります。わざわざ維新スピリッツなど考えず、大阪都構想の実現のために目の前の課題に対応することで十分だったのが大阪維新の会の状況でした。

しかし、ここであえて「維新スピリッツとは何ぞや？」という議論をするなら、**僕が頭に描いていたことは、「個人重視」「ルール重視」「課題解決重視」の3点です。**僕自身はこの維新スピリッツをもとに、8年間の政治活動のすべてを遂行していました。つまり僕が政治家時代に行った政治活動のすべては、さらには政治家を辞めた以降の現在の言動のすべても、この3点の表れなのです。ただし、おそらくこれを完全に理解してくれている維新のメンバーは少ないと思います。こういうことをメンバーとじっくりと話す機会がありませんでしたから。

僕はこの維新スピリッツこそが、自民党との完全な対立軸になると考えています。しかし、馬場新代表のもとの維新国会議員が考える維新スピリッツは、僕が考えているものとはずいぶん違う感じがします。

戦争で命が奪われるなんてまっぴらごめん

22年2月、ロシアによるウクライナ侵攻が世界を大混乱に陥れましたが、国会議員の風潮は、「国のために戦え！」「自由民主を守るために戦え！」との大合唱でした。他方、僕は「一般市民はとにかく逃げろ」「とにかく生き残れ」「戦闘員も軍事的合理性がなくなれば一時撤退をすべき」「死ぬまで戦えなんて言語道断」「負けそうなら逃げて、勝てそうなら攻める。とことん軍事的合理性を追求すべき」というものでした。

これに対して、「逃げろ」という言葉に衝撃を受けたのか、多くの人、それも保守を自称する政治家やインテリたちからは、「橋下は降伏論者だ！」という批判を受けました。

僕の政治的信条の根幹、国家観は「国家は個人を守るための手段」というものです。国家の存続自体が目的ではありません。国家は手段です。この点は、安倍さんとは意見を異にしていました。安倍さんは国家というものを目的、中心に据えて考える。国家の指導者にまで就いた人ですから、それは当然のことかもしれません。

安倍さんは日本の指導的な政治家という立場で、僕は民間人のメディア出演者という立場で、よく議論させてもらいました。国家は目的か手段かという点では見解を異にするところはありましたが、目的であろうと手段であろうと国家は強くなければならない、ということは完全に一致していました。

僕は戦争で若者、ましてや自分の子供の命が奪われるなんてまっぴらごめんです。だから戦争を未然に防げるよう、他国から攻められないよう、しっかりと防衛力を強化するというのが持論です。自国だけで防衛力を強化するのは限界があるので、集団的自衛権はもちろんのこと、NATOのような集団安全保障体制を構築する必要もあります。究極的には核保有がもっとも効率よく、もっとも力を発揮する防衛力だと思っています。

ロシアによるウクライナ侵攻の現実を見て、ますますその思いが強くなりました。アメリカをはじめとする西側諸国は、ロシアが核兵器をもっているがゆえに、ロシアを軍事的に叩き潰すことができません。ロシアに核兵器がなければ、西側NATOはプーチン政権を倒すために軍事力を行使したと思います。

また逆のこともいえます。NATOは強固な集団安全保障を構築し、加盟国のどこか一国が攻撃を受ければ、加盟国全体で応戦します。集団的自衛権の最終ゴールのかたちです。さらに、憲法9条のような制約はなく、核も保有しています。ゆえにロシアもNATOには手出しできません。

しかし、不幸にもいざ戦闘が始まってしまった場合には、僕はどれだけ一般市民の犠牲を防ぐことができるかを中心に考えます。戦闘によって一般市民の犠牲を防ぐことができるなら、とことん戦うべきです。強い防衛力があれば、一般市民を守ることができます。もしそれだけの防衛力がない場合には、いかに一般市民を救うかに力点を置く。戦闘することで一般市民の犠牲が甚大になるのであれば戦闘を避ける。そして戦闘の前にまずは住民避難。これは戦闘で勝つためにも重要なのです。前線地域に自国民が存在すれば戦闘員は思う存分戦闘できません。自国民を犠牲にしてしまう可能性があるからです。

ですから、戦闘が始まりそうになれば、いかに一般市民を避難させるかが勝負になります。この点、日本の政治家は国民の本当の避難について考えてこなかったのでしょう。一応、国民保護法を成立させていますが、中身を調べてみるとお粗末極まりない。かたちだけの災害対策のようなものになっています。

「逃げる自由」を保障する

保守を自称する人たちはとにかく威勢がいい。尖閣周辺の先島諸島や、沖縄本島を含む南西諸島の防衛力の強化をひたすら叫ぶ。**ミサイル配備、自衛隊配備、米軍基地の再整備。それには僕は賛成ですが、肝心なものが完全に抜けています。それが住民の避難です。**

尖閣諸島での日中衝突や中国の台湾侵攻の際、真っ先に中国から狙われるのが、与那国島や沖縄本島をはじめとする先島諸島・南西諸島にある軍事施設です。であれば、そこの住民をどう避難させるかが最重要です。

実は、与那国島にはきちんとした避難計画が存在しないといいます。民間フェリーを2隻手配するところまでは決まっているようですが、輸送力としてはまったく足りず、しかも与那国島からどこに避難するかも決まっていない。「日本政府が調整に乗り出している気配がまったくない」と先島諸島・南西諸島の自治体関係者が嘆いています。これはすべて政治の責任、第一次的には与党自民党・公明党の責任です。

とくに自民党の政治家は威勢よく戦うことを主張し、兵器の増強を訴えますが、住民避難についてはまったく熱量が足りない。沖縄本島のあれだけの住民をどう避難させるかなどはまったく考えていない。これが保守を自称する政治家の実態です。

さらに戦闘が始まったときに、国民に避難する自由を与えるのか。戦闘が始まると、国民全員で戦えという風潮になります。そのときにきちんと逃げる自由、戦わない自由を保障するのか。ここがまさに国家観、憲法観というものが出てくる場面です。国家は目的なのか、手段なのか。

僕は「国民に逃げる自由、戦わない自由を保障すべき派」です。しかし、いくら「逃げるのは自由ですよ」と言っても、「国民一丸となって戦え」の同調圧力が強烈に強まるはずです。それは今回のロシアによるウクライナ侵攻を見ても、過去の日本の戦争時のことを振り返っても、さらには新型コロナ禍における日本の自粛ムードを見ても明らかです。

ですから、普段から、いざ戦闘が始まった場合には、一般市民は逃げることも戦うことも自由だという認識を国民全体で共有しておかなければなりません。

実際、ウクライナでは、当初は全市民による抵抗という雰囲気でしたが、それは戦争が進むにつれてだんだんと現実的なものになり、前線地域の住民を真っ先に避難させ、確保している兵器の力に合わせた作戦を展開し、局地的にどうしても負けそうな場合にはいったん撤退するという戦争指導になりました。当初の「死ぬまで戦え！」という風潮が、「市民の命、兵士の命を大切にする」という軍事的合理性を重視する戦争指導に変わってきたようです。そこからウクライナの反転攻勢が功を奏し、ロシア軍を敗走させています。

日本の国会議員の多くが「全市民による抵抗！」「死ぬまで戦う！」と当初演説していたゼレンスキー大統領に拍手喝采を送り、「祖国のために戦うことは尊い」「命よりも大切なものがある」と主張していたことに、僕は大変な危惧を覚えました。もちろん防衛大臣経験者など、軍事的合理性を重視する国会議員もいるのですが、ごく少数でした。現実の行政権を行使したことのない国会議員たちは、とにかく威勢がいい。

現在、保守派の代表格といわれている高市早苗さんも、ウクライナ軍が完全に包囲されている状況下について僕が「高市さんが総理になったときにどう指揮するか」と質問をしたところ「自衛隊員には最後まで戦ってもらう」と言い、軍事的合理性の話は出てこなかった。ここに僕は国家の指導者としての危険性を感じました。

高市さんの支持者には、保守を自称する熱烈に威勢のいい人たちが多いので、実際の戦争指導においてそのような人たちの声を過剰に気にするのではないか。歴史をひもといても、政治家がいつも引くに引けなくなるのは、このような威勢のいい声に押されてです。そういうときにこそ、冷静に自国と敵国の力を分析し、勝てるときには攻める、負けそうなら一時撤退する、一般市民にはできる限り犠牲を出さない、そういう指導ができる政治家を僕は望みます。

もちろん、そもそも他国から武力攻撃を受けないようにしっかりと防衛力を強化する必要があります。しかしどんな場面でも弱腰と取られるのが致命的だと思っている政治家が実に多い。維新にもこの類の国会議員が多いような気がします。僕が「一般市民はまず逃げるべき」とメディアを通じて発言したところ、日本で安全に暮らしているウクライナ人が「徹底的に戦うべきだ」と反論し、維新の国会議員と意見交換をしたようです。その維新国会議員は、「橋下はいち民間人で維新の考えとはまったく違う」と答えていました。

たしかに僕の考えと現維新のそれはいろいろ違うところがあるでしょうが、この維新国会議員の頭には軍事的合理性を検討する思考は全くなさそうで、僕の考える維新スピリッツとは大きく異なると感じました。防衛力強化、戦闘、祖国防衛など、いろいろな場面で強気な姿勢を示した結果、一般市民の命を犠牲にしてしまうかもしれない可能性が感じられました。

国家は個人を守る手段

僕は個人を守ることを第一と考え、**個人を守る手段こそが国家だと考えています。**この点はいろいろな意見があるでしょうが、「自由や民主を守るために命を捨てろ」と簡単に言うことには断固反対です。それも個人の選択だと強く思います。「とにかく生きたい」「今は逃げてそのあとに状況が好転することにかけたい」と思う、その個人の意思を最大限に尊重する、これこそが維新スピリッツだと自分なりに思っています。

戦いたい人は戦えばいい。他方、逃げたい人、生きたい人の自由も最大限に尊重する。戦時は、逃げたい、生きたい人の声がかき消される。国のために戦えという声が強くなり、同調圧力が強烈に高まる。そのときにこそ、個人の自由を自分の身体を張ってでも守るのが政治家であり、維新スピリッツだと僕は考えていました。

この点、石原慎太郎さんは保守の大家で、国家を最大限に尊重する派だと多くの人に思われているでしょう。だから、「橋下と石原は根本的な価値観が異なるのに、なぜ手を組んだんだ?」とよく言われました。でも、石原さんは個人を大変尊重し、個性を第一に評価する人です。もうお亡くなりになられていますから、石原さんの反論抜きに誤解を招くことは避けたいと思いますが、石原さんは三島由紀夫さんとの対談のときに、石原さんのスピリッツを明確に示しました。

保守、右翼と位置づけられる三島さんに「最後に守るべきものは何か？　僕は三種の神器だと考えるが」と問われ、石原さんは「私は自分を守る」と答えられました。

石原さんは「君が代」を斉唱するときには、君が代とは歌いません。我が日の本は、と替えて歌います。

過激な性描写で世間をにぎわせた『太陽の季節』の作家です。性についてはきわめて好奇心旺盛でラディカルです。石原さんが亡くなる直前、短編全集をいただきましたが、そのなかでも「性」についてかなり突っ込んだ描写をしていました。そんな石原さんは同性婚くらいのことで、「日本の国柄が……」なんて目くじらを立てないでしょう。もっとラディカルな夫婦の形態まで想像していたはずです。

さらに移民については明らかに賛成派です。外国人の価値観と日本人の価値観がぶつかることで新しい価値観が生まれることを期待していました。もちろん日本の秩序に従ってもらうことは前提です。日本の戦争指導者の責任についても厳しく考えていました。国家指導者のバカな戦略、戦争指導によって多くの日本人の命を奪ったことに怒っていました。しかし日本人が戦ったことは自衛戦争として正当化していましたし、命を落とした兵士を祀っている靖国神社を参拝することは当然のことだといって毎年参拝。とくに中国からとやかくいわれること、尖閣諸島にちょっかいをかけられることは大嫌いでした。

このような考え方の石原さんだったので、細かなところでは意見のぶつかり合いはありましたが、酒を飲みながらよく議論をさせてもらいました。

今の政治議論において、国家は国民を守る「手段」だという明確な位置づけがないので、北朝鮮の拉致問題もずっと解決しないのだと思います。保守を自称する政治家は、拉致問題の解決を！　と口では言うのですが、そこ止まりです。

国家を手段ととらえれば、国家のメンツなど過剰に気にせず、とにかく国民を守るという結果にだけがむしゃらになればいいという考えに至ります。辱めを受けようが、多少汚いことに手を染めようが、とにかく国民を守る、助ける。

日本に北朝鮮を動かすほどの軍事力がないのであれば、お金を渡してでも拉致被害者を取り戻す。「ファッション保守」の人たちは、国家のメンツを重視するために、「そんなかっこ悪いことなどできるか！」と言います。そしてずっと「拉致被害者を返せ！」と叫ぶばかり。

どうしても国家が中心という思考になるので、新型コロナ感染症が流行した際に、「水際対策を徹底的に強化しろ！」と叫んで日本人の入国まで禁止しようとしました。日本人まで入国禁止にすることに何の疑問も感じなかったようです。憲法上も完全に違憲なのに。

普段は「拉致被害者を取り戻す！」と威勢よく言っておきながら、いざというときには日本人の入国を禁止にする。このような思考ですから、祖国を守るために、自由・民主を守るために、国際秩序を守るために、中国・ロシアをのさばらせないために、一般市民の犠牲もやむなし、という考えに至るのだと思います。

他方、自分たちが熱烈に支持した安倍さんの死については最大の悲しみを表し、ご遺族の気持ちを汲む。戦争における一般市民の死も安倍さんの死も、不合理な死であることに変わりがないのに、一般市民の死には配慮が少ない。これも徹底的に個人、一般市民を中心に考えることのない「ファッション保守」の象徴的な考え方なのでしょう。

そうではなく、徹底して国民個人、一般市民中心に考える。これが僕の考える維新スピリッツです。

感情で国家を動かすのは最悪

また僕は、「ルール」を重要視します。**感情で国家を動かすのは最悪だという認識です。**

たとえば、朝鮮学校に対する補助金を大阪府知事のときに不支給としました。当時、北朝鮮が国連安保理決議を無視して弾道ミサイル発射実験を繰り返し、拉致問題の解決にも非協力的な態度を取り続けていました。全国的にも、そんな北朝鮮と関係のある朝鮮学校に公金を入れるのはどうなんだという批判が強まりました。

このときに、いきなり補助金不支給という決定を行った自治体もありますが、僕はまずは一般的なルールをつくりました。朝鮮学校を狙い撃ちにしたものではなく、私立学校全般に適用するルールです。そのルールを基準にすれば今の朝鮮学校の運営では補助金は不支給になり、逆に今後ルールを満たすようになれば、北朝鮮がミサイルをぶっ放そうが、補助金支給となる。あくまでもルールに照らしての判断という枠組みにしました。

公立高校の卒業式において、「君が代」を起立斉唱しない教員が少なからずいました。この場合も、「君が代は大切な国歌なのに、けしからん！」という保守派の主張がありました。これもいきなり起立斉唱をしない教員を処分する自治体もありましたが、僕はやはりルールを定めました。すでに教育行政の最高意思決定機関である大阪府教育委員会が起立斉唱を決めていたので、僕はそれをさらに条例化し、教員に起立斉唱を迫りました。

　また少子高齢化時代、定員割れする公立学校が増えてきましたが、高校の統廃合には多くの反対意見が出ます。僕は条例をつくり、３年連続定員割れした高校は統廃合の対象にするルールを定めました。そのルールはいまだに活用されており、反対の声はあるものの統廃合は進んでいます。

　北朝鮮の態度振る舞いに怒って「朝鮮学校への補助金不支給！」、教員の態度振る舞いに怒って「君が代は起立斉唱をせよ！」、定員に満たない学校が放置されていることに怒って「学校を統廃合せよ！」と感情に任せた権力の行使は危険極まりない。あくまでもルールと手順に則って権力行使するのが法治国家の姿であり、それを重視するのが維新スピリッツです。

　２０２１年に発足した直後の岸田政権は支持率を堅持していましたが、約1年経過したところから急落しました。その原因は、安倍元首相の国葬決定と、旧統一教会問題への対応の仕方であるといわれていますが、与野党ともに国会議員はこれら2つの問題点の核心を理解していないようです。

野党の国会議員やメディア、コメンテーターたちがいろいろな批判をしていますが、一**番の問題は、岸田政権がルールと手順を無視して国家運営していることです。**

22年7月8日に安倍さんが凶弾に倒れ、安倍さんの支持勢力が国葬にすべき！　という強烈な声を上げたところ、14日後に岸田政権はいきなり国葬の実施を閣議決定してしまいました。ルールと手順を踏んでいません。そして国葬反対の声が日本国中にあふれるなか、国葬を終えたあとに、これから国葬のルールと手順を検討すると表明しました。法治国家の国家運営としては順番が逆です。本来ならば、ルールと手順を決めてから決定するところを、岸田政権は明らかに感情に基づいて国葬決定をしてしまったのです。

安倍さんの事件を契機として自民党と旧統一教会の関係に日本国中から猛批判が集まり、政権支持率が急降下した際、岸田政権はいきなり「旧統一教会との関係は絶つ！」と宣言しました。しかし「関係を絶つ」とはどのようなことを指すのか、基準を示されていないので大混乱です。違法、不法な行為をしていないのであれば、たとえ旧統一教会の信者であっても社会から排除するわけにはいきません。ましてや他人の宗教を尋ねるわけにもいかない。それでどうやって旧統一教会との関係を完全に絶つのでしょうか。

基準を明確に打ち立てなければ、信者との接点がすべて大騒ぎの対象になってしまいます。さらに、旧統一教会を解散させろという世間の声が強いなか、宗教法人法の解散命令の規定の解釈について、岸田首相は「民法上の不法行為は解散事由にあたらない」と答えていたものをわずか1日で「民法上の不法行為も解散事由にあたり得る」と翻しました。そして解散命令を視野に宗教法人法の質問権を行使する基準や手順を専門家に議論してもらうと表明しました。

これも国家運営の仕方として順番が逆です。基準や手順というルールを議論してから、政治が法律の解釈や質問権の行使方法を決定しなければなりません。岸田政権は世間の声に押されて感情的に国家運営をしてしまいましたが、これは法治国家としての体をなしていません。馬場新体制下の維新国会議員団からも残念ながらすぐにそのような声は上がりませんでした。

ルールと手順を重視する維新スピリッツの理解を深めてもらいたいところです。

イデオロギーにとらわれて課題を放置するな

僕はこれまでの政治が解決できなかった難題に対して、解決策を提案することにこだわってきました。自らの政治信条をいうだけなら簡単です。とくに保守を自称する政治家には、勢いのいい強気の意見を言いっ放し、支持層から拍手喝采を受けるところで終わってしまっている人が多い。反面、課題は何も解決されません。

これまで論じてきたように、移民政策を否定することで人口減少社会は放置されたまま。外国人の価値観とぶつかり合うところからのイノベーションも生まれない。

また、かつて日本のために戦って命を落とした兵士を国家をあげて祀るのは国家の背骨です。しかし国家のメンツが先行し、「中国・韓国の抗議は無視して首相、天皇陛下は靖国神社に参拝すればいい」と叫ぶだけなのが「ファッション保守」の典型です。叫ぶだけで、結局首相、天皇陛下の参拝がない現状を放置することに何の苦しみも感じない。いつか参拝できればいいという感じで、中国・韓国への対抗心が先行し、「靖国で会おう」と誓い合って戦場に散っていった兵士たちのことには思いを馳せない。この問題は国家の背骨の問題だと認識し、首相、天皇陛下が参拝できる解決策を提示することが維新スピリッツだと思います。

天皇の皇位継承問題もそうです。男系男子を絶対視し、悠仁様の時代まで解決策を先送りするのが「ファッション保守」。他方、危機を迎える前の今、解決策を提示することが維新スピリッツ。

これらの解決策を提示すれば、保守を自称する人たちから猛反発を食らうでしょう。しかし保守やリベラルという単純なイデオロギー論には左右されず、保守やリベラル、右や左から猛批判を食らいながらでも、日本の国、日本の社会にとって必要不可欠な課題解決策を提示し、実行するのが維新。まさに課題解決を重視するのが維新スピリッツです。

すべては、次世代のために

「個人重視、国家は個人を守る手段」「ルール重視」「課題解決重視」――これが僕の描いていた維新スピリッツですが、維新のメンバーはどう考えているでしょうか。

維新を創設してから、とにかくがむしゃらに走り続けてきました。途中、僕は引退し、吉村さんがリーダーに。維新のメンバーもがむしゃらに頑張り、維新は僕の時代よりもはるかに政党として成熟してきました。そして松井さんも引退し、いよいよ馬場代表の新体制です。

維新スピリッツの理解を深めてもらうためには、この維新スピリッツは何のためにあるのか、という議論も必要です。

今、外から維新を見ていると、どうも維新国会議員団は「政権交代」ということに鼻息が荒い。国会議員にとっては政権を握り、与党議員になることで、自分たちのステータスがはるかに上がるので、政権交代が目的になっているのかもしれませんが、政権交代は「手段」であって「目的」ではありません。

この「目的」の議論が、今の維新に一番欠けている気がします。

では、これら維新スピリッツは何のために必要なのか。何のためにあるのか。

それらはすべて「次世代のため」にあるのです。

であれば次世代の、若者の命をもっとも重視する政治をしなければならない。**国家を守るために国民が命をかけて戦う必要があるのであれば、まずは政治家自身から、次に僕らのようにある程度日本社会で人生を謳歌した年齢層から前線に向かうべきです。若者、次世代の命は徹底して守る。**

今のグローバル時代、一時的に他国で暮らすことに問題はない。若者が命を落とすよりも他国で暮らしてもらったほうがよほどまし。国を守るのは、政治家や僕らの世代でやればいいのです。

若者や一般市民を前線に送り出し、国会議員だけが安全な場所で、たいした知識もないのに国家防衛論を披露している。戦争になればだいたいこんな光景になります。こういった状況を身体を張って阻止するのが維新スピリッツ。

国会議員を前線に送り出せば、戦争指導ができなくなる、と主張する政治家や専門家たちもいますが、国会議員は、いくらでも替えがきく。

こんな僕の考える維新スピリッツを真に理解してくれている、馬場新体制下での維新国会議員はほとんどいないと感じますが、これから維新が飛躍するためにも、僕の考えに縛られない彼ら彼女らなりの維新スピリッツなるものをメンバー全体で議論し共有し、自民党とはまったく異なる維新の目標、パーパスを確立してもらいたいものです。

本章で述べてきた内容は僕の持論であり、絶対的な正解ではありません。世間的にはかなり特異な少数説かもしれません。しかし維新はもちろん維新以外の野党にも、強い野党をつくるために少しでも参考にしてもらえれば幸いです。

第5章

「真の二大政党制」への道筋

「野党間予備選挙」で対立軸をつくる

野党の候補者を一本化する

新党ブームや第三極ブームを経て、野党は乱立状態に陥りましたが、こうした混乱も2021年10月の総選挙で終わったのではないかと僕は見ています。

野党は立憲民主党・共産党という方向性と日本維新の会・国民民主党という方向性に大まかに整理されたと思います。先に述べたA方向とB方向です。**野党が2つの方向で大きく整理されたことによって二大政党制への歩みが一歩進みました。あとはこの野党の2つの方向性をどうまとめあげていくか、です。**

ここでいきなり1つの党になる合併は無理です。野党各党が自民党内の派閥のように権力闘争を行ってまとめていくしかありません。

政権を取る本戦は衆院選です。小選挙区では、当選者が1人である以上、与野党それぞれ候補者を1人に絞ることが不可欠です。自民党・公明党は必ず候補者を1人に絞ってきます。問題は野党です。各野党が候補者を好き勝手に擁立すると、反自民・反公明の野党票が分散してしまい、結局与党の候補者が勝つことになってしまう。ですから、野党が勝つためには候補者を一本化することが絶対に必要なのです。

自民党・公明党は長年の政治の技術を駆使して国会議員による協議で候補者を一本化しますが、野党はその政治技術をもち合わせていません。ですから僕は、**野党候補者を一本化するプロセス、まさに野党間の権力闘争のかたちとして「野党間予備選挙」（以下、野党間予備選）を提唱し続けているのです。**

野党の国会議員による協議によって候補者を一本化できないのであれば、民意で一本化してもらう。さらに2つある野党の方向性を民意で1つに収斂してもらう。これが野党予備選挙の考えです。

野党の方向性を1つに収斂するといっても、AかBかという二者択一に限らず、もう少し幅のある方向性でいいのです。予備選挙で示された民意を探りながら、AとBをミックスする方向性にしてもいい。自民党も方向性には相当幅がある。さらに公明党と組んでいるわけだから、自民党・公明党という与党の方向性にはかなりの幅があるのです。野党の方向性にもその程度の幅があっていい。

野党間予備選において、ある地域で立憲民主・共産の候補者が勝ったなら、維新と国民民主は民意を汲んで立憲民主・共産の方向性に少し歩み寄るかもしれない。逆に維新・国民民主の候補者が勝ったなら、立憲民主・共産が歩み寄るかもしれない。そういう過程を繰り返していけば、今の立憲民主・共産・維新・国民民主の方向性が野党の1つの方向性として収斂していくかもしれません。

野党各党は「自分たちの考えこそが絶対に素晴らしい!」「他党に歩み寄る必要性なし!」と思っているでしょうが、野党各党の支持率は高くてもせいぜい数%から10%未満。こんな支持率なのに、自分の党の考えに固執しても仕方がありません。ここは野党間予備選をやりながら、敏感に民意を汲み取って、自分たちの考え方を修正し、支持率が上がるようにすべきです。

野党が自民党・公明党の与党に勝てないのは、候補者を複数乱立させて野党票が分散することもありますが、もう1つの決定的な理由は、いきなり決勝戦の衆院選に出るからです。自民党は、総裁選において各派閥がしのぎを削り、民意を汲んでいきます。そもそも政権与党は日々世論調査にさらされます。こうして民意を得る政策の方向性を十分認識したうえで、決勝戦の衆院選に臨む。決勝戦に出る前に、予選を何戦もやっているような状態です。

対する野党は、代表選も盛り上がらないし、政策を実行しているわけでもないので、日々世論調査にはさらされていません。そんな状況なのに、衆院選でいきなり「自分たちの公約はこれです！」と掲げて臨む。これはいきなり決勝戦に挑んでいるようなもので、そんな野党が自民党・公明党に勝てるわけがありません。

ゆえに決勝戦の衆院選に臨む前に、野党間予備選という予選を戦う。野党間予備選で民意によって自分たちの考えのチェック・修正を行うのです。

自分たちの考えこそが絶対に正しいという姿勢では、永遠に政権は取れません。支持率数％という現実を真正面から受け入れるべきです。野党間予備選を戦いながら、多くの支持を得る政策はどういうものなのか、どの考え方が支持されないのかを、自分たちの政治信条は横において、真剣に研究すべきです。今の野党の国会議員には、自分の考えこそが絶対的に正しいと信じ切っている独りよがりが多いからこそ、政権が取れないのです。

世論調査を活用すれば実現できる

野党間予備選について、立憲民主党の代表だった枝野幸男さんは「できない」を連発していました。しかし、こういうときに知恵を出してやり切るのが政治家の力量です。ちょっと知恵と工夫を施せば簡単にできるはずです。政治家たるもの、最初からできないなどと決めつけていいものでしょうか。たしかに、投票で決めようということになれば、投票権をもつ人を決めなければならないため、困難が伴います。各野党の党員に投票権を与えるだけでは、党員数によって最初から勝負が決まってしまい、予備選をする意味がなくなってしまうからです。それでは、どのように投票権者を決めるべきか、なかなか妙案が浮かびません。

そこで僕の提案は、**実際の投票で決めるのではなく世論調査を活用する方法です。**野党各党の合意のもとで調査会社を選定して世論調査を委託し、その結果を活用するのです。1社の世論調査や1回の世論調査で決めるのが不合理というのであれば、複数社や複数回の世論調査の結果を用いればいい。それこそ野党間で合意してルールをつくればいいだけです。

この点について総務省は、電話世論調査を活用した予備選挙が、公職選挙法上の事前運動禁止や人気投票の結果公表の禁止に抵触する〝可能性がある〟との意見を出しました。これは、23年4月に行われる大阪市長選挙において、大阪維新の会が公認候補者を党内予備選挙で決めようとして、総務省に問い合わせた際の回答です。

この回答を受けて、大阪維新の会は予備選挙の方法を世論調査のかたちから党内イベントのかたちに変えました。このように知恵と工夫を施せばできるのです。ただ僕は、大阪維新の会には総務省回答にやすやすと従ってほしくはなかった。役人の回答に疑問があれば、論理をもって反論し、役人の考え方を正すのも政治家の役割です。

現在でも各党は大々的に世論調査を行って、来るべき選挙に備えて各選挙区の情勢を分析しています。自民党が党内で候補者を一本化する際に使用しているのも世論調査です。

総務省は、「不特定多数の人に、候補者の名前を知らせること自体が事前運動にあたる可能性がある」と回答していますが、大阪維新の会が計画した予備選挙はあくまでも候補者に相応しい人の名を聞くだけ。当選目的のために聞くわけではありませんし、選挙での投票依頼もしません。また、「党内で総合判断する際の一資料」と位置づけて世論調査の結果をそのまま公表しなければ、人気投票の結果公表にもならないと思います。

いずれにせよ、総務省ともう少し議論を深めてほしかった。というのも、それが今後の野党間予備選の実施に影響するからです。このまま総務省の回答を前提にすると、世論調査を活用した野党間予備選ができなくなります。そうならないためにも大阪維新の会には総務省と徹底議論してほしかったのです。

野党間予備選くらいのルールや制度もつくれず、それすら実施できない野党なのであれば、日本の大改革などできるわけありません。そんな政治家には、もう辞めてもらったほうがいいでしょう。

世論調査で最終ジャッジ

「野党間予備選」はあくまでも野党間で取り決めたルールに基づいて行うものであり、法律のような強制力はありませんから、予備選の結果に従わない事態が生じる可能性があります。

予備選に負けた野党が、諦めきれずに候補者を出してくる。党は諦めても、候補者個人が諦めきれずに立候補する、という事態です。野党間の任意のルールである予備選に負けても立候補の自由はありますから、それを強制的に止めることはできません。そうなると予備選をやったとしても結局、野党は複数候補の擁立になってしまうこともあり得ます。

しかしそのようなリスクがあったとしても、野党間予備選のプロセスを踏むべきだと思います。予備選をやらなければ候補者は必ず複数のまま。たしかに予備選をやっても、諦めの悪い候補者のいる選挙区においては複数候補者になる可能性がありますが、それでも、各野党候補者の政治家としての道徳心を信用する価値はあると思います。**また予備選のプロセスを踏むことで野党の方向性が民意によって収斂されていく効果がある。**

ですからまずは、野党間で話し合ってしっかりとした予備選のルールをつくってもらう。それでもどうしても野党間で予備選のルールに合意できないというなら、僕が野党の党首の立場であれば、予備選を拒否する野党の候補者がいる選挙区に自党の候補者を立てまくって、野党が当選する可能性をあえて低くする〝暴挙〟に出ます。自爆、道連れ作戦です。予備選をやらなければ野党が勝つことは永遠にないということを示すための暴挙です。まあ、負けることを覚悟して立候補してくれる人を見つけるのは難しいとは思いますが、それくらいの意気込みで他の野党に迫っていきます。

ここで野党が予備選のルールに合意し、それを実行すれば、野党間で相手候補者の潰し合いという権力闘争になります。それが最大の目的です。

予備選の敗者は本選挙に出馬できないというルールになれば、予備選における野党間での激論は各候補者の政治家生命をかけたすさまじく真剣なものになるでしょう。また勝者と敗者がきっちり分かれるドラマチックなものとなり、メディアも報じざるを得なくなる。

生ぬるい野党代表選とはまったく扱いが異なるようになるでしょう。メディアの報道によって、有権者も野党に対して、これまでよりはるかに強い関心を抱くことになるはずです。そして、最後のジャッジは世論調査の結果で行う。きわめてクリアな決め方です。

そして予備選において野党間で候補者が一本化できたとしても、本選挙の衆院選において全野党が一緒になって選挙協力、選挙運動する必要はないでしょう。現在の野党の方向性は、立憲民主・共産のA方向と、維新・国民民主のB方向があるので、A方向の候補者をB方向の政党が応援するのは無理があるかもしれません。方向性が同じBであっても、たとえば維新は国民民主の候補者を、国民民主は維新の候補者を応援しないかもしれない。しかし当初はそれでもいいのです。野党間予備選を繰り返し、野党の方向性が幅をもちつつも1つに収斂していけば、野党各党が相互応援するようになるかもしれないので、焦る必要はありません。まずは野党候補者の一本化です。

各野党が本気で野党統一候補者を一丸となって応援するには、結局は野党が1つの党になるまで待たなければならないのかもしれませんが、野党間予備選もやらずに野党の候補者が複数乱立している状態より、候補者が一本化するだけでもはるかにましです。

野党候補者を一本化した結果、野党が1つの党にまとまる前に、衆院選において仮に野党が勝利したとします。その場合には複数存在する野党が、今度は首相の座をかけて権力闘争を行えばいいのです。自民党の派閥が行う多数派工作と同じです。そして首相の座を射止めた野党の方針に、他の野党は従うことに同意する。ここまでできて初めて、自民党に対峙できる強い野党が誕生するのです。

政治とは、現状よりも少しでもましに、少しでも前に進ませるためのものであって、目の前に不都合なことがいろいろあるからといって立ち止まることは許されません。**できない理由をつべこべ言う前に、とにかく野党間予備選にチャレンジすべきです。**

権力闘争を「見える化」して関心を引く

大阪維新の会が誕生してからの大阪府内の首長選挙・地方議員選挙においては、大阪維新の会の政治を倒すために、自民党・公明党・国民民主党・立憲民主党・共産党がタッグを組んで共闘しますが、見るも無残に惨敗することが多い。

当選するためだけの安易な選挙協力、野合・談合は厳禁です。有権者はそうしたことを一番嫌います。そうでなく、自民党の派閥間権力闘争に負けないくらい、野党間で予備選挙を通じて徹底的に権力闘争をやるのです。自民党の強さは、政治家が激しい権力闘争にさらされて、弱い政治家が退場させられることにもあります。権力闘争に勝ち残った政治家だからこそ政治力を備えるのです。

ただし野党は、自民党のように見えないところで権力闘争をやるのではなく、**権力闘争を有権者に「見える化」して、有権者に決着をつけてもらう。これが野党間予備選の本質です。**

予備選を実行する際には、各野党は、どうすれば有権者を引きつけることができるか、本選挙である衆院選前に真剣に考えることになります。賛否はあるでしょうが、メディアに取り上げられることを考えて、あえてショー的な要素を加えることも必要でしょう。

これまでのように各野党が自党の候補者を擁立して当選を狙うという、組織利益だけを考えた部分最適の発想では、いつまでたっても自民党に勝利することはできないでしょう。日本のためには野党を強くして政権交代可能な二大政党制を実現しなければならない。そのためには各野党は、それぞれ勝手に候補者を乱立するのではなく、衆院選前に野党候補者を一本化することを最大の使命にすべきなのです。

現在議員数では野党第一党である立憲民主党の泉健太代表には、政権交代可能な二大政党制の実現のために、負ければ自党からの候補者を擁立できなくなるリスクのある野党間予備選の実施を、全体最適の発想で断行してもらいたい。

少し知恵を絞れば野党間予備選などすぐに実行できます。それくらいの実行力を野党第一党には示してもらいたい。**野党が政権を奪取し、日本の政治を前進させるための第一歩は野党間予備選の実行なのです。**

首長選挙に勝利する

地方で野党政治を体感してもらう

自民党が強いのは、自民党系の知事や市長がたくさんいて、「自民党の政治はこういうものだ」ということを有権者がなんとなく体感できているからです。自民党の政治には賛否両論があっても、口だけの野党よりもましだと評価されているのでしょう。

2009年に民主党が政権交代を果たしたときには、国民の自民党への失望感が絶頂に達していました。その反面として野党への期待が最高潮になっていた。野党の民主党が何かを実行してそれが評価されたというよりも、国民が民主党に抱いた幻想によって政権交代が行われたのです。

ですから、政権交代後、民主党政治の現実を国民が体感して幻想が瓦解した瞬間、一気に失望に変わり、また自民党に政権交代した。民主党政治への幻想が大きかった分失望も大きく、国民はその後遺症を引きずり、今も野党を支持できないままでいます。

野党は国民の失望を払拭するためにも、まずは地方において自党政治をしっかりと実行し、国民に見せるしかありません。永田町の国会で、野党が何を言っても、どんな理想を語っても、国民はそこに乗っかる勇気がありません。口で言うだけでなく、有権者に体感してもらう必要があるのです。

しかし、首長を選挙で獲得するのは本当にしんどい。知事や、人口規模の大きい市の市長に当選するのは、国会議員として当選するよりもはるかに難しい。支持を広げるためには、徹底した街頭演説やビラ配り、ミニ集会などの地道な政治活動によって自分たちの考え方を浸透させていかなければなりません。自民党が圧倒的に強い地方・地域を避け、野党に勝ち目がありそうな自治体を狙いに行くのです。そのために世論調査を最大限に活用して、戦略・戦術を練るのです。

先に、維新がいかにして大阪で首長を取ったか、その体験を語りましたが、ここでもう一度、野党が政権交代を実現するために、地方において有権者に野党政治を体験してもらう方法を説明したいと思います。

ある程度の数の有権者に自分たちの政策を体感してもらおうと思えば、そこそこの住民規模の自治体の首長を取る必要があります。知事であれば申し分ありませんが、住民に身近な政策を体感してもらうには、市長、しかも10万人以上の人口を擁する市の長がいいでしょう。

たとえば明石市が好事例です。泉房穂市長が徹底した子育て政策に力を入れており、それも他市と比べてそこそこいい政策というレベルではなく、他市を圧倒するレベルです。**他者に伝えるためには「圧倒性」が必要で、「ここまでやるか！」というくらいやって、ほんの少し伝わるもの。**1万のことをやって1程度が伝わるというのが僕の持論ですが、泉市長はそこまで徹底した圧巻の子育て政策を実行しました。

そのことによって明石市内の有権者から泉市長は強い支持を得ています。そして明石市の名前、泉市長の名前は全国的にもなりました。おそらく明石市内の市議会議員選挙、明石市を選挙区とする兵庫県議会議員選挙、国会議員選挙になれば、泉市長が応援する候補者が当選する確率は高いでしょう。これこそが市長が政策を実行することの意義、そして力です。

市長が政策を実行し、有権者がそれを体感すると、熱烈な支持者を増やすことができる。もちろんそのためには、普通の市長ではダメです。改革を強烈に断行し、有権者の心をとらえる政策を実行する市長でなければなりません。

残念ながら、泉市長は二度目の暴言によって、政治家を引退することを表明しましたが、明石市のような地域を増やしていくことこそが、野党にとって政権交代への道です。永田町やSNSで吠えているだけではダメなのです。そのためには、地域の世論調査、情勢調査を活用しながら、狙う自治体を決める。勝てそうな候補者がいなければ、野党の国会議員が範を示して自ら首長に挑戦する。場合によっては、自分の地元選挙区以外の自治体で首長選挙に挑戦する必要があるかもしれません。**野党の政治を有権者に体感してもらい、本気で野党勢力を拡大するには、国会議員自らが挑戦しなければなりません。**こうした挑戦こそが有権者に覚悟として伝わるのです。

今の野党国会議員たちは、地方の首長選になると、自分たちの国会議員という地位は確保しておいたうえで、他の当選しそうな候補者を見つけてくる。その繰り返しです。自分で首長選に挑戦しても当選する自信がないからです。政治家の地位を捨てる覚悟がない。

野党の国会議員が自ら首長選挙に挑み、背水の陣で、「自分たち野党は、このような政策を実行します」と訴えかけ、必死になって選挙運動を展開する。そして首長になった暁には、国会議員時代に永田町で言っていた理想の政策を1つでも2つでも実行して、野党の政治を有権者に体感してもらう。このような野党国会議員がどんどん出てくる状況にならなければ、野党の政権奪取ははるか彼方に遠のいたままでしょう。

現在大阪府内に誕生した19人（知事を含めて）の維新系首長のほとんどは、大阪維新の会の地方議員の地位を捨てて首長選挙に挑戦したメンバーです。そして維新が掲げる政策をどんどん実行しています。そのことが2021年衆院選において、大阪19選挙区のうち維新候補が立った15選挙区で自民党候補者をすべて打ち破り、維新が全勝した結果につながったと確信します。

民主党による09年のときのようなかりそめの政権交代ではない、本物の政権交代は、こうした活動が基盤となって実現します。民主党政権はよい改革もしました。悪いことばかりではなかった。しかしその無残な政権運営から、国民は政権交代にアレルギーを感じるようになってしまったという現実があります。

大きな方向性と意気込み、挑戦、実行力

政党、なかでもとくに野党は理想の政策を掲げることで、有権者の支持を集めようとしていますが、そのやり方では政権交代を実現することは無理でしょう。メディアや政治評論家たちは政策を細かく吟味します。そして賛意を示したり、批判したりあるいは政策の転換を促したりする。これらは、彼ら彼女らが果たすべき政治チェックの役割という意味では重要です。

また有権者が知っておかなければならないポイントはどこなのかを知らせ、有権者としてどのように判断したらいいのかにかかわる基準を示すことなども、同様にメディアや政治評論家たちの役割です。

しかし一般の有権者は、そこまで政策を細かくチェックしません。なぜなら、日々の生活に追われており、個々の政党が掲げる政策のすべてを細かくチェックする余裕がないからです。有権者が知りたいのは、各政党が考える「これからの日本の方向性」という日本を導くうえでの大きな道筋です。そして各政治家が、その方向性に日本を引っ張る意欲をどれだけもっているのか、それだけの実行力があるのかを見定めようとしている。僕が、

細かい政策論よりも大きな方向性と意気込み、挑戦の姿勢、実行力のほうが大事だと考える理由はここにあります。

つまり、理想でしかない政策を専門家のように細かいところまで語っても、国民の支持は得られないということです。「いいことばかり言って、本当に実行できるのか」「それだけの力があるのか」といった疑いをもたれてしまっては、票を獲得することはできない。政権交代など夢のまた夢です。

他方、**実行力のある政党であるという評価や期待が得られれば、掲げる政策や見解に多少不満や反対の点があったとしてもしっかりと応援してくれるでしょう。**有権者が望むものは千差万別であり、有権者全員を１００％満足させることは絶対に不可能であることを有権者は理解してくれています。そして実行力さえあれば、今は完璧ではないにせよ、いつかは満足させてくれるだろうと期待をしてくれる。

逆にいえば、「実行力がない」と評価されてしまうと、掲げる政策が自分の望むものであったとしても、有権者は支持してくれない。まさに、今の野党の状況ですね。

目の前の支持者に配慮しない

これまでの日本の政治家は、特定団体が求める政策を実現することを主眼としてきました。選挙のときにその団体から応援を受けることを期待してのことです。そしてその政策には、数億円どころか数百億円もの税金が投入されることもざらです。恩恵を受ける団体にすれば「巨額」です。だからその団体は自分たちの利益を守るために、その既得権を守ってくれる政党や候補者を選挙のときに徹底的に応援するのです。

他方、既得権を打ち破り、特定団体に属さない一般の国民に恩恵を与えようとする政治・政策をやろうとすると、ひとりひとりの国民が受ける恩恵は「広く薄い」ものになってしまいます。だから特定団体に属さない国民ひとりひとりは、そのような政治・政策をやり遂げようとする政党をそこまで熱烈に応援することはありません。

僕も大阪市長時代、大阪市営地下鉄の料金値下げを断行しました。初乗り区間20円の値下げ、２区間目は10円の値下げです。対立していた野党自民党の議員たちからは、「たった20円の値下げか！」と罵られたので、「そのたった20円の値下げを、あなたたちはこれまでやってこれなかっただろ!!」と言い返してやりました。

20円の値下げがいかに大変なことか、自民党の議員たちはまったく理解していません。大阪市営地下鉄の乗車人数は1年にすれば延べ10億人規模です。これらの人すべてについて20円値下げするのです。用意しなければならない財源は約34億円。僕はこのお金を用意するために、さまざまな批判を受けながらも徹底的な改革を断行したのです。

34億円を用意して、実現できるのが10円、20円の値下げ。10円や20円と聞くと少ない額に聞こえるかもしれませんが、市営地下鉄に乗る人全員について値下げするわけですから、総額は巨額になります。ところが、こんな事情はなかなか地下鉄利用者には伝わりません。もしかしたら値下げを行った事実すら知らないかもしれない。

もし僕が、改革で生み出した約34億円のうち10億円を使って大阪市職員の給料や教員の給料を上げたり、福利厚生を充実したりすればどうなるか。市職員、教職員、職員組合はもう大喜びです。僕を市長として次もまた絶対に当選させようと、必死になって僕の選挙運動を応援するでしょう。その他、自治会に2億円、商店街組合に2億円、医師会、歯科医師会にそれぞれ1億円ずつ、トラック協会に1億円、ＰＴＡ、社会福祉協議会にそれぞれ1億円ずつ。こんなお金の配り方をすれば、この巨額のお金をもらった団体に属する人たちは、これまた熱烈な僕の支持者になるでしょう。

このように、特定団体へお金を配ることに力を入れていたのが、僕の前までの歴代大阪府知事、大阪市長の実態でした。知事や市長は、府民・市民一般に広く恩恵を与えるよりも、特定の団体に一定の恩恵を与える政治行政に力を入れてきたのです。

僕はそういう政治から脱却したくて、特定団体に向けた政策や補助金、そして職員への厚遇を切りまくり、そこで生み出した財源を府民・市民一般へ還元することに力を注ぎました。松井さん、吉村さんはその方針をさらにブラッシュアップして、維新の政策を実行していきました。それが水道料金の値下げ、子供医療費の無料化拡大、保育料・幼稚園料の無料化、塾代助成、私立高校の無償化、公立中学校への給食導入および無償化、小中学校へのエアコン導入などにつながっていくのです。

これら政策の財源を生むために、特定団体向けの政策を止め、補助金を切りまくったときには、特定団体はとにかく怒って「橋下を選挙で落とせ！」と声を上げました。

他方、府民・市民一般への利益の還元を理解している有権者の皆さんは大阪維新の会を応援してくれましたが、ひとりひとりが受けている利益額は目の玉が飛び出るというほどの額ではない場合が多いので、政治行政には無関心という有権者も多かったのが現実です。ただし、それでも維新は、大阪では自民党に完勝するほどの勢力になりました。

特定の団体から支持を受けるのは、政策や補助金の恩恵を与えればかなうので簡単にできますが、特定の団体に属さない一般の有権者の支持を受けるのは難しい。**しかし、いざ選挙になったときにうまく引きつけることができれば、特定団体に属さない一般の有権者の力のほうがはるかにすごいのです。**今の野党はここを見誤っています。

地方選挙から「旋風」を起こす

自治体の首長を選挙で取るためには、国会議員が血反吐を吐くほどの政治活動を当該地域でやらなければならないのは当然ですが、その地域の地方議員を増やして、党の足腰を強めることも必要です。その地域の首長や地方議員がしっかりと働き、「自分たちに政治を任せてくれたらこのように地域が変わりますよ」と実際に証明していくと、その地域の有権者の意識は確実に変わります。口だけではなく、実際に地域を変えていく。

このことを理解していれば、国会議員だけで強い野党をつくることなど不可能だということに気づくはずです。永田町という狭いエリアで、野党議員たちがちまちまとグループをつくって口だけで理想論を叫んだとしても、政権交代への追い風が吹くようなことはありません。

場合によっては**政権与党の敵失で、野党に強い追い風が吹くことがあるかもしれない。しかし、そのチャンスを確実につかみ、政権奪取につなげるためにも、地方において野党の政策実行力を強固にし、地方議員を増やして党の力を蓄積していかなければならないのです。**

自民党の地方組織の力はすさまじいものです。自民党は、日本国中に地方議員が存在し、自民党公認・推薦の首長が山ほどいて、彼ら彼女らを支援する地域団体、業界団体のネットワークが張り巡らされています。

自民党は、１９５５年に誕生しました。そして、終戦直後の日本自由党からの歴史を含めれば80年近くもの年月をかけて基盤が築かれてきたのです。そうであれば、自民党に対抗できる野党が育つにはかなりの時間が必要になることも確かです。僕は、野党は50年スパンで地盤を築いていかなければいけないと思っています。野党の国会議員が永田町で離合集散を繰り返すだけでは、二大政党制の一翼を担うことは決してできない。野党の首長を増やして、地方において野党の政策を実行することの積み重ねが必要なのです。

ですから当然、地方の首長選挙では、つねに自民党と対決する候補者を擁立しなければならないのですが、野党は、地方の首長選挙で負けたくないので、勝敗がつかないようにするために、自民党が応援する首長を自民党と連携して応援することが多いのです。相乗り候補というやつです。

地方の首長は絶大な権限をもっているので、その議会の議員は首長と敵対関係になりたくない。首長も議会とうまくやるほうが仕事をしやすいので、自民党からも野党からも応援してもらいたい。こうした理由から、地方の首長選は与野党の激突にはならないことが多いのです。共産党だけが頑張って自党単独の候補者を擁立することがありますが、ほぼ勝てません。

野党は、地方の首長選挙におけるこのような相乗り候補の擁立が、結局は自民党を利することをわかっているのでしょうか。国会では自民党と決定的に対立している野党が、地方では協力し合うことに有権者はあきれています。

思えば、民主党時代の小沢一郎さんは、この有権者の心情を見抜いていました。大きな地方の首長選挙においては、民主党は自民党と対決する独自の候補者を必ず擁立する方針を打ち立てました。小沢さんの見識と姿勢は賢明だったと思います。野党は、このことの重要性に一刻も早く気づくべきでしょう。

楽な道を選べば、有権者の支持は広がらず、野党は強くなりません。野党は、地方の首長選挙でこそ与党と徹底的に戦って、自分たちの首長を誕生させなくてはならない。そして**首長の実行力と野党の政策を有権者に実体験してもらいながら、その地方議会で与党を形成するように地方議員の誕生にも力を尽くすべきなのです。ここから野党の与党化が始まるのです。**

　地方の首長を取ることの重大さを十分に認識し、野党の国会議員が本気になって自分の選挙区や、自分の選挙区以外で首長を取る活動をする。そのような活動を実行するために組織として所属国会議員を動かすことができるか否かが、野党が強くなるかどうかの分岐点です。

　第４章で述べたように、日本維新の会は２０２３年４月の統一地方選挙において、現在の地方議員４００人を６００人に増やす方針ですが、これも楽な道を選んでいます。全国で3万人の定員がある地方議員のうちたった２００人を増やすだけでは、政権交代に近づく中間目標にはならないでしょう。しんどくて難しい首長選での勝利を避けています。これは、維新らしくありません。地方の首長を取らなければ、地方議員は劇的に増えない。これは、大阪維新の会が実証済みです。

無党派層の支持をつかむ

「公正・公平」と「未来利益」

今の大阪を見ると、自民党対新興政党という体制が整っています。僕は、いずれ、このような体制が全国的なものになることを期待しています。

たしかに、大阪の地域政党「大阪維新の会」の歴史は、自民党に比べればはるかに浅く、結党してからまだ10年余りです。しかも、国政政党日本維新の会の歴史はさらに浅いのですが、それでもこの期間で大阪においては完全に二大政党化を実現しています。

誤解しないでいただきたいのは、維新の政策が全国に広がることが理想の二大政党制だといっているわけではありません。維新の政策には賛否がありますので、政策の中身は有権者が判断すればいいことです。そうではなく、自民党が完敗するような対抗野党が存在する大阪の政治状況が二大政党制の姿だといっているのです。

「自民党対新興政党」という政治体制とは、「支持政党をもち、政治にしっかりと関与する支持者に支えられ、支持することのお返しを期待されている政党」対「政治よりも日々の生活を大事にし、政治に期待感や見返りを求めない支持者を背景にしている政党」という構造です。

これは、保守かリベラルかなどという、従来いわれてきた構造とは根本的に違うものです。

これだけ複雑多様化した日本の現代社会において、二大政党制として政治グループをたった2つに分けた場合、有権者は、それぞれの政党の掲げる細かな個別政策をひとつひとつ吟味してどちらを支持するのかを決めることは難しいでしょう。

与野党2つの政党で重なり合う政策は多いはずだし、有権者にしても「この政策は与党がいい、でもこの政策は野党がいい」となって、個別の政策だけでは決めることはできないからです。与野党のいずれかの政党が自分の考えと100％合致する政策を掲げてくれることなどあり得ず、「ここは合うが、ここは合わない」となるのが当然です。

有権者が二大政党のいずれかを選択するときには、その政党が提示する政策「群」の大まかな方向性、すなわち日本の進むべき道としてどちらがよりましかで決めるしかないのです。

その際、与野党がどのように日本を導こうとしているか、どのような政治をしようとしているかを、有権者が予測するときの重要ポイントは、第2章で論じた通り、その政党を支援している支持者層の性質です。民主政治においては、票を得て選挙で勝利しなければ政党を形成できません。票を得ようと思えば、各政党は自分たちの支持者層に配慮した政治・政策の実行をするようになります。ゆえに各政党の支持者層を見れば、その政党がどういう「こと」「ところ」に配慮した政治・政策をやるのかがわかります。

既存の政党は、政党から個別の利益を得ようとする支持者層に支えられていることで共通しています。もちろん個別の利益といっても、個人が不正に受け取るものではありません。業界団体・各種団体・組合組織などが、補助金や自分たちが要望する政策・制度の実現などによって利益を受けるということです。特定の政党に政治的に働きかけ、そしてその政党から利益を受け、その見返りに選挙で応援する。支持者層が業界団体であれば自民党、組合組織であれば立憲民主党・国民民主党と分かれるだけです。

他方、新興政党は、普段は特定の団体などに属さず徒党を組まない人たちが支持者層です。彼ら彼女らは普通に生活をしていて、政治家がしっかりと仕事をしてくれることを望むだけで、自分たちの個別の利益を確保するために特定の政党に働きかけるようなことはしません。特定の政党を強固に支援するということもない。よい政治をやってくれそうな政党をそのときどきで支持する。そして、政治がただちに自分たちに利益をもたらすようなことをやってくれるわけではないというドライな視点と、未来に向けてしっかりと仕事をしてくれればいいという意識をもっていることが多い。これが、いわゆる無党派層といわれる人たちです。

つまり、既存の政党VS新興政党を支持者層で分けると、「特定の政党支持層」VS「無党派層」となり、新興政党は、無党派層の票を獲りに行くことを目標とするため、支持者層を広げるのは非常に難しくなります。というのも、無党派層は求めているものがバラバラで、つねに支持を約束してくれるわけではないからです。そして、応援した政党がもし票を得るために一部の特定の層に配慮した政治をやればさっと離れていく。**このような無党派層の支持を得るには、「公平・公正の態度」「現在利益よりも未来利益」を重視する政治の姿勢を示すことがポイントになります。**

そして、有権者が政党を見極めるもう1つのポイントは「実行力」です。候補者が当選したあとに、彼ら彼女らは公約として口で言っていたことをきちんと実行できるのか。ここが最大の見極めポイントでしょう。選挙における各政党・各候補者の論戦において、有権者が吟味すべきはこの点です。メディアも実行力に焦点を絞って政党・候補者をチェックすべきです。どう実行するのか、その具体的なプロセスをきっちりと確認するのが、メディアの役割であり、有権者の務めでもあります。

政権与党の実行力は、前回の国政選挙で打ち出した公約をきちんと実行できているのかを検証します。野党は政権を取らない限り、国政における政策を実行できませんから、法律がなくてもできる党内改革や身を切る改革、地方における首長の実行力を確認するしかありません。有権者によるこの確認こそが民主政治のレベルを上げる最大のポイントです。有権者による政党の実行力のチェックが厳しくなれば、政治家側はいい加減な口約束はできなくなります。

「一票の格差是正」を党是に

このように、これからの自民党VS野党という二大政党制は、特定の団体に属する支持者層VS無党派層という支持者層の違いによる対立構造になっていきます。無党派層をずっとつかみ続けるのは至難の業ですが、それをやれるかどうかが野党勝利の試金石です。

大阪においては、かつての無党派層が維新支持層に変わりましたが、この層は特定の団体に属していないので団体からの影響・指示を受けることなく、維新に魅力がなくなればあっという間に離れて無党派層に戻ります。いわば移ろいやすい「ふわっとした」民意です。

地方ではまだまだ自民党の力が強い。すなわち、自分たちの利益を自民党に働きかけて実現しようとする支持者層が強固です。

しかし都市部では、大阪の状況のように無党派層が増えてきていて、自分の利益をかなえてもらうために自民党を強固に支持する有権者よりも、「いい政治をやってくれる」「将来のための政治をやってくれる」と期待できる政党をそのときどきの状況によって支持する有権者のほうが圧倒的に多くなってきています。

全国的な世論調査でも、無党派層が拡大してきていることは明らかで、野党が狙うべきはここです。しかし野党でも地方選出の国会議員はうまくできない。声の大きい既存の支持者層に配慮してしまい、無党派層を逃がしている。そういう意味では、これからの日本は、地方部を代表する政治と都市部を代表する政治にも分かれていくでしょう。その萌芽が大阪の政治状況です。

これは地方重視か都市部集約型かという日本の国のかたちをどうするかの議論に直結し、

自民党は明らかに「地方重視」「官による需給調整重視」「既存の秩序維持型の国のかたち」をめざします。だからこそ、**対する野党は「都市部重視」「官による需給調整排除（新規参入促進）」「改革型の国のかたち」をめざすべきなのです。**

このように地方重視か都市部重視かの要素が与野党を分ける重要ポイントになるのであれば、地方部と都市部の一票の格差の是正が絶対的に必要になります。

今の選挙区割りでは、地方部の有権者が都市部の有権者に比べて多くの国会議員を選出できるようになっています。すなわち地方部の有権者の一票の価値のほうが重い。選挙制度自体、自民党が国会議員を多く選出できるシステムになっているのです。

一票の格差が最大のところは、都市部では有権者1人あたり一票が与えられている一方、地方では1人あたり二票与えられているような状態です。これでは自民党が勝ち続けます。ですから、都市型・改革型の野党で政権奪取をめざすのであれば、一票の格差是正を党是にしなければなりません。都市部の有権者の一票の価値を重くして、地方部の有権者のそれと同等にしなければならないのです。しかし、そこに気づいている野党は日本維新の会を含めて存在しません。都市部重視・改革重視の国政政党を標榜するなら、日本維新の会こそ一票の格差是正に最大の政治エネルギーを割かなければならないのです。

かつてのような「保守」と「リベラル」、「右」と「左」の対立構造を要素とする二大政党制は時代遅れです。

「特定団体に属する支持者層・地方重視・現状維持」VS「無党派層・都市部重視・改革重視」という対立構造を要素とする二大政党制によって、政治を前進させ、日本の新しい道を切り拓いていかなければなりません。これが「日本再起動」です。

著者略歴

橋下 徹（はしもと・とおる）

1969年東京都生まれ。大阪府立北野高等学校、早稲田大学政治経済学部卒業。1998年、橋下綜合法律事務所を開設。2003年「行列のできる法律相談所」にレギュラー出演開始。2008年、38歳で大阪府知事、2011年に大阪市長に就任。実現不可能と言われた大阪都構想住民投票の実施や、行政組織・財政改革などを行う。2015年、大阪市長を任期満了で退任。現在はTV番組出演や講演、執筆活動など、多方面で活動している。著書に『異端のすすめ 強みを武器にする生き方』（小社刊）、『実行力 結果を出す「仕組み」の作りかた』（PHP研究所）、『政権奪取論 強い野党の作り方』（朝日新聞出版）などがある。

SB新書 612

日本再起動

2023年3月15日　初版第1刷発行

著　　者　橋下 徹
発 行 者　小川 淳
発 行 所　SBクリエイティブ株式会社
〒106-0032　東京都港区六本木2-4-5
電話：03-5549-1201（営業部）
装　　丁　杉山健太郎
D　T　P　株式会社ローヤル企画
編集協力　ことぶき社、株式会社アイ・ティ・コム、福島結実子、清水 泰
印刷・製本　大日本印刷株式会社

本書をお読みになったご意見・ご感想を下記URL、
または左記QRコードよりお寄せください。
https://isbn2.sbcr.jp/12290/

落丁本、乱丁本は小社営業部にてお取り替えいたします。定価はカバーに記載されております。
本書の内容に関するご質問等は、小社学芸書籍編集部まで必ず書面にて
ご連絡いただきますようお願いいたします。

ISBN　978-4-8156-1229-0